大橋喜美子
Kimiko Ohashi

0・1・2歳児の
保育の中にみる教育

子どもの感性と意欲を育てる環境づくり

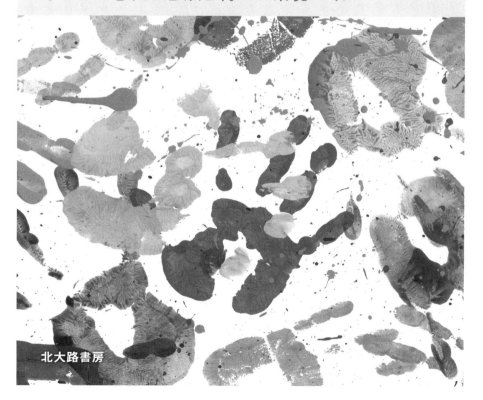

北大路書房

本研究は，JSPS 科研費 JP16K45678 の助成を受けたものです。

はじめに

　日本の乳幼児教育は歴史的にみて二元化を続けてきました。そして，近年では少子高齢化社会を迎えて，子どもが育つ地域の環境や，家庭環境も大きな変容を遂げてきました。

　乳幼児の保育では，幼保一体化をめぐって，さまざまな論議が交わされてきました。その論議を経た今も気になることとして，「幼稚園は保育ではなく教育である」とか「保育所は子守の場である」といった考え方が一部で残存していることがあげられます。また，その要因として保育所（園）などで長時間の保育を受けて育つ子どもの育ちについて，ボウルビィ（Bowlby, J.）の母子愛着理論や三歳児神話があたかもその考え方にあてはめるかのような捉え方をしている幼児教育の関係者も少なくありません。つまり，3歳までは親が育てなければよい子は育たないということを暗に前提としていると考えてもよいでしょう。

　現代の子どものよりよい育ちのために，「今」私たちは何ができるのでしょうか？

　幼保一体化をめざす中で，日本の教育が多様化し，子どもの育ちにとって何が大切なのか，何が必要なのかがみえにくくなってきていると筆者は考えています。

　保育士や幼稚園教諭など乳幼児の保育をめざす学生の養成では，これまでは，幼稚園は幼稚園教育要領，保育所（園）は保育所保育指針が日本の乳幼児保育の源流を支えてきました。

　しかし，現在は，幼保一体化，小規模保育などについては，環境的要因が異なるため，その背景にそった指針や要領の指導が必要になってきていると思われます。四年制大学では指導に費やすことができる時間が一定確保できますが，二年制の短期大学や専門学校で

は，ていねいに指導をして学生自身が保育観を築く時間の確保が困難であるかもしれません。

そうした中，乳幼児教育の場と，幼稚園教諭・保育所保育士・幼保連携型認定こども園保育教諭の免許資格を出す養成校での戸惑いは当面続くのではないかと推測されます。

しかし，戸惑うだけでは，日々目覚ましい育ちをみせる乳幼児の発達を支える教育ができるとはいえません。本書では，子どもを目の前にした時にしっかりと向き合う乳幼児の教育について，関係者の皆さんといっしょに志向していきたいと考えています。

保育所保育指針では，「保育は教育と養護の一体化である」と述べられています。ここでは，「養護は子どもの命を守り育てることとその援助」「教育とは人との関係および周囲との環境においての相互作用によって，乳幼児の発達をよりよく促していくこと」と定義しています。それをふまえて本書では，具体的な事例とともに，実践に結ぶ理解しやすい内容で構成しています。そして，保育を通した子どもの生活にみる教育に視点を置いています。

また，幼稚園において３歳未満児保育が行われていることから，幼稚園教育や認定こども園の教育など，乳幼児を扱うすべての人を対象として，学びとなるように，広い視野に基づいて編纂を行っています。

注）本書では，保育士・幼稚園教諭・保育教諭はすべて「保育者」として用語を統一しています。

もくじ

はじめに　i

I章　乳児期の教育と保育　1

1．乳児にとっての教育　1
2．保育と教育の言葉理解と本書における年齢区分　3

II章　豊かな保育の質と教育　5

1．保育の質と教育　5
2．アンケート調査からみた保育の質としての教育　6
　（1）家庭と保育園が考える教育／（2）乳幼児期の教育の場

III章　教育の原点は信頼関係を結ぶこと　13

1．こころとからだから発信する人格の尊重　13
2．育つ・育ち合う・育てるということ　14
　（1）基盤となるアタッチメントと信頼関係／（2）育つ・育ち合う・育てる

IV章　遊びが好きな子どもには何が育つか　17

1．自然の中で育つ感性と科学の目　17
2．想像性や創造性と科学の芽　18
3．遊びを創り出す"て"と"ゆび"は論理性を育てる　19
4．コミュニケーションは遊びの質を高め感性を豊かにする　22
　（1）「ふれてなめて確かめて」の遊びから始まるコミュニケーション／（2）手さし・指さしから始まるコミュニケーション／（3）遊びが好きな子どもの創造とコミュニケーション

もくじ

V章　乳児期の発達と保育　28

1. 生後1か月から6か月頃の発達と保育　29
   （1）コミュニケーションのはじまりは笑顔と泣きの変化から／（2）手やからだの発達と遊び
2. 生後7か月から1歳3か月頃の発達と保育　33
   （1）コミュニケーションは喃語から一語文へ／（2）手やからだの発達と遊び
3. 1歳3か月から2歳の発達と保育　37
   （1）言葉と遊び／（2）手やからだの発達と遊び
4. 2歳児の発達と保育　40
   （1）コミュニケーションと遊びへの広がり／（2）生活場面を通して／（3）手指の操作とからだの発達

VI章　乳児期の環境と遊び　45

1. 仙田満による6つの遊び空間と乳児期の遊び　46
2. 倉橋惣三の自然と遊び　47
3. 子どもにとって理想的な園舎と室内の構造　49
   （1）園舎の構造と教育／（2）外からも室内からも子どもの動きが見える園舎／（3）部屋の中から見える園庭／（4）乳児期の椅子とテーブル／（5）保育者の動線と健康
4. 乳児に安全な遊具と園庭の環境　54
   （1）ブランコ／（2）砂場／（3）どろんこ遊びで五感を育てる／（4）遊びを通して身体運動の調整力を育てる／（5）すべり台
5. 自然環境を生かした保育　59

VII章　遊びの中で獲得していく2つの世界　60

1. 感性を育む　60
   （1）リズムと音を楽しむ／（2）絵本は音声から
2. 砂場遊びでの1つから2つの世界　62
   （1）手と指の感触から／（2）やりとりにみる対——数と量／（3）

おもしろさの中で持続的な意欲を育て創造的に発展する遊び／（4）いれて・だしての2つの世界

Ⅷ章　乳児期の教育　66

1．感性の育ちと教育　66
　　（1）食場面にみる2つの世界へいざなう教育／（2）「1つ」から「2つ」の世界へいざなう数の教育
2．育ち合いの中で学ぶ小さなルール　71
　　（1）「ちょうだい」「どうぞ」の教育的意味／（2）ジュンバン・順番・じゅんばんから学ぶ待つこころ

Ⅸ章　科学する芽は子どもの気づきと保育者の共感から　74

1．乳児期の科学する芽とは　74
2．実践にみる乳児期の科学の芽と保育者の関わり　75
　　（1）心地よい春の日差しの下で…保育者からの関わり／（2）ひこうきぐも　見ーつけた／（3）夕日の美しさに見とれて…子どもからの関わり

Ⅹ章　保育の隙間から子ども自身が学ぶこと　78

1．こころの整理ができないままにおかたづけ　78
　　（1）トラブル場面と心の葛藤／（2）A君の発達を中心とした考察／（3）子どもが思いをめぐらす保育空間
2．先生，ぼくを見ていてね――大切な保育の隙間　82
　　（1）友だちのパンツの模様が大好きで腹巻のように数枚重ねて／（2）葛藤は頂点に達してこころの整理がつかないままに／（3）保育の隙間と子どものこころ

Ⅺ章　幼稚園と保育所（園）の保育者間における保育観の相違　85

1．保育所の保育者からみた幼稚園のイメージ　87

もくじ

　　2．幼稚園の保育者からみた保育所のイメージ　87
　　3．幼稚園と保育所の保育者の相互間イメージ　88

XII章　真の教育の豊かさとは　90

　1．教育が生んだ教育のつけ　90
　2．真の教育とは子どもの発達とこころを受け止めて自己肯定感が育まれること　91
　　（1）デンマークの保育の特徴と自尊感情／（2）生活場面で育まれる自己尊重感
　3．子どもの命とこころの育ちが守られる豊かな教育環境　96
　4．真の教育の豊かさ――自己肯定感を育む　98

付録1．実践につなぐ年間指導計画と月間指導計画　101
付録2．デンマークの保育にみるデイリープログラムと週案　118

文献　121
あとがき　124

I章 乳児期の教育と保育

1. 乳児にとっての教育

　保育所保育指針では，保育は教育と養護の一体的営みであると整理されていますが，一方で，異なった考え方もできます。教育の中に保育があるといった考え方です。

　教育は Education，幼児教育は Early childhood education，乳幼児教育は Infant education であるという考え方を支持した場合は，education とは何かということになります。

　education，つまり教育とは，大辞泉によると「ある人間を望ましい姿に変化させるために，身心両面にわたって，意図的，計画的に働きかけること。知識の啓発，技能の教授，人間性の涵養（かんよう）などを図り，その人のもつ能力を伸ばそうと試みること」とあり，世界大百科事典では，「人間は歴史的に規定された社会的環境のなかで，意図的，無意図的なさまざまな刺激とその影響を受けて，成長し発達する存在である。教育とは，広義ではこれらの人間形成全体をさすが，狭義では一定の目的ないし志向のもとに，対象に対する意図的な働きかけをさす。この場合にも，次の世代への意図的働きかけにとどまらず，成人教育，生涯教育という言葉が示すように，同世代の，あるいは世代間の相互教育（集団的自己教育）を含んで使用される場合もあるが，より限定的には，先行世代の，

次の世代（子ども，青年）に対する文化伝達と価値観形成のための意図的働きかけをいう」と述べられています。

認定こども園は「幼保連携型」「幼稚園型」「保育所型」「地方裁量型」と4種類の累計でしたが，認定こども園法の改正により，新たに「学校及び児童福祉施設としての法的位置づけを持つ単一の施設」として「幼保連携型認定こども園」が誕生しました。

そして，認可基準が明確となり，その特徴的なこととして，学級編成・職員配置基準において，「満3歳以上の子どもの教育時間は学級を編成し，専任の保育教諭を1人配置」とあります。「保育教諭」は新たな資格・免許といえるでしょう。

2014（平成26）年には，内閣府，文部科学省，厚生労働省により，新たな幼保連携型認定こども園の教育課程その他の教育及び保育の内容を定めた「幼保連携型認定こども園教育・保育要領」が告示されました（告示とは法律として私たちが守らなければならないことが書かれているということです）。第1章総則「第1　幼保連携型認定こども園における教育及び保育の基本及び目標」の「1教育及び保育の基本」では，「乳幼児期における教育及び保育は，子どもの健全な心身の発達を図りつつ生涯にわたる人格形成の基礎を培う重要なものであり，…（中略）…乳幼児期の特性及び保護者や地域の実態を踏まえ，環境を通して行うものであることを基本とし，家庭や地域での生活を含め園児の生活全体が豊かなものとなるように努めなければならない。このため，保育教諭等は，園児との信頼関係を十分に築き，園児が自ら安心して環境にかかわりその活動が豊かに展開されるよう環境を整え，園児と共によりよい教育及び保育の環境を創造するように努めるものとする」とあります。そして，家庭との連携，教育及び保育の基本に基づいて一体的に展開される教育・保育を行い，保護者とともに子どもの最善の利益と生活を保障する場であるとしています。

また，第1章総則「第2　教育及び保育の内容に関する全体的な計画の作成」では，「各幼保連携型認定こども園においては，教育基本法（平成18年法律第120号），児童福祉法（昭和22年法律第164号）及び認定こども園法その他の法令並びにこの幼保連携型認定こども園教育・保育要領の示すところに従い，教育及び保育を一体的に提供するため，創意工夫を生かし，…（中略）…適切な教育及び保育の内容に関する全体的な計画を作成するものとする」とあります。

　全体的な計画の作成では，教育基本法や児童福祉法，そして認定こども園法その他の法令と幼保連携型認定こども園教育・保育要領に従いとありますが，読者の皆さんには，解読できても，実際にはどのような教育・保育を展開したらよいのかを迷うところでしょう。

　実際には，家庭と連携しながら，目の前にいる子どもの教育・保育に真摯に向き合うことが大切であるといえるでしょう。

　本書は0歳児，1歳児，2歳児の豊かな発達を願い，その時期の教育の概念について明らかにしながら，幼保一体化に向かう流れの中で求められる教育の質について考察していきます。

2．保育と教育の言葉理解と本書における年齢区分

　ここでは，3歳未満児と3歳以上児の教育の概念について，本書の立場として，明らかにしておきましょう。

　保育所保育指針では，保育について「養護と教育の一体化」と述べています。そして，幼稚園教育要領では，保育の使用言語は見あたらず「教育」という言葉を使用しています。認定こども園教育・保育要領では，「教育」と「保育」の言葉が数か所記述されています。

　子どもに関わる専門的な保育者は，幼稚園では「教諭」，保育所では「保育士」とよばれています。さらに，幼保連携型認定こども

園においては「保育教諭」の名称が使用されています。かつて，東京女子師範学校で働く保育者は教諭ではなく保姆とよばれていました。また，保育室でのよび名はどうでしょうか？　幼稚園では教室とよばれているのでしょうか？　筆者が知る限り，幼稚園でも保育室とよばれているように思います。

　幼保一体化をめざしたはずの日本の乳幼児教育は，3本化されているといっても過言ではありません。

　また，幼稚園教諭と保育所（園）保育士の相互間においては"教育"の概念について誤差がみられることがあります。

　本書では，「保育の中の教育」に着目していきます。教育とは，決まった一定の枠の中に入れるものではなく，それぞれの地域で，それぞれの家庭で，それぞれの保育所や幼稚園，認定こども園などの施設で，今「目の前にいる子どもが何を求めているか」を創り出す作業であると考えます。そこに少しだけ大人が乳幼児に求める理想や夢を託し，乳幼児がより生き生きとできる環境を生み出す仕事です。

　また，本書では，「乳幼児期の教育」を基本として，保育所や幼稚園，認定こども園，小規模保育などの場においての「教育」について整理をしていきます。ここでの対象年齢は，人間が生きていく基礎づくりとなる3歳児未満の子どもに注目し，0歳児・1歳児・2歳児の保育の中にみる教育について考えていくことにします。

II章 豊かな保育の質と教育

1. 保育の質と教育

　乳幼児期の子どもが通う施設は保育所（園）（以降，保育所と記す），幼稚園，認定こども園，小規模保育所など，多様化されてきましたが，そこで行われている保育は教育とは異なるとした考え方があります。では保育と教育はどのような違いがあるのでしょうか？　保育所保育指針では保育とは教育と養護の一体化であると述べています。子どもの年齢が幼ければ幼いほど，教育と養護の一体化が望まれます。では，保育の質としての教育とは具体的にどのようなことをいうのでしょうか。

　秋田は「保育の質に関する縦断的研究の展望」（2011）の中で，保育の質についてLitjens（2010）が述べている要因を翻訳，紹介しています。そこでは，OECDの政策が中心であることをあげ，子どもの発達を中心に考えると，そこには「保育過程の要因と過程の要因が直接的に作用し，政策や保育の構造的要因はその背景となる間接的要因になると位置付けられる…（略）…」として，構造的要因と間接的要因の関係について述べています。

　構造的要因には，子どもの人数と保育者の数，保育経験などが入るために，概括的な保育の質としては理解しやすい，それらを背景とした保育過程の質は子どもの発達や子どもの集団の中での仲間関

係，保育者と保育者，保育者と保護者の関係について質を述べることの困難さと議論の必要性が述べられています。

しかし，保育の質の維持と教育については，保育者の力量に及ぶところが大きく，子どもは保育者を信頼して大きくなっていくはずです。津守（1997）はエリクソンの例をあげて，「育てる力は自我の発達の完成期であるとともに，世代から世代へと受け継がれ，社会を維持する共同の自我の力（倫理）である」と述べています。そうした保育の質は保育者自身の成長発達と関わっているのです。

2．アンケート調査からみた保育の質としての教育

(1) 家庭と保育園が考える教育

筆者らが実施した，「教育」の捉え方について保育園と家庭への同一設題のアンケート調査の「保育園は教育の場だと思いますか」の設問（配布数は家庭2,290部，保育園2,290部で，回収数は家庭1,088部（48%，祖父母など含む），保育園1,048部（46%，調理師，主任，園長含む）（小数点以下，四捨五入））における自由記述から抽出した語彙は以下の通りでした（大橋ら，2015）。

「とてもそのように思う」と考えている家庭は約49%，保育園は約35%，「ふつう」は家庭，保育園ともに約28%，「少しある」は家庭15%，保育園21%，「教育はない」は，家庭6%，保育園11%でした。このように，数字の上では，家庭の方が保育園は教育の場と考えているように感じられます。

なお，ここでは，保育所（園）をアンケートの記述通り，保育園としています。

①家庭が考える「保育園は教育の場」

自由記述の「教育の場である」と答えた人の内容では，「勉強以

外の色々な事を学んでくれると思う。勉強も大事ですが，人との接し方，繋がり，体を動かす事が，まず第一であってほしいと思います」「お友だちとの関わりを学び，思いやりなど学ぶ場と思います。礼儀，思いやりなどを自然に学べる環境であればいいと思います」「家庭だけでは補いきれない集団での生活や，親以外の他の大人の目から見た子どもの様子やしつけも大切だと思うので。日常生活だけでなく，周りの友達を思いやる気持ちなど，人として大切な事をどれだけ教えられるかだと思う」「集団行動での譲り合い，助け合いができる。他人とのコミュニケーションの取り方も覚えられるため」「保育園で学んで，家でできるようになる事がとても多いので」「共同生活をする上で大切な事を学べる所だと思っています。小学校に行くまでの大事な期間だと思っています。みんなで何かをやり遂げる意味，友だちと仲良く過ごすこと等，保育園に行く事でたくさんの事を学べるような気がします」など，保育園での教育は友だちと仲よく遊べる人間関係を育てる場であるといった記述が多数みられました。

　「ふつう」と答えている人では，「子ども同士の刺激の中で，子どもは成長するのだなと感じています。また，家でももちろん色々教えているつもりですが，先生たちの子どもへのちょっとした声かけの仕方をみていると，上手だなーといつも思います。集団生活を通して，心と体が健やかに成長していくように，子どものペースを大事にしながら，働きかけること。いろいろTVや雑誌の情報に振り回されてしまうこともありますが，愛情を持って，笑顔で食卓をかこむことだけは大事にしたいと思っています。が，毎日時間に追われたり，子どものペースをまってあげられず，声を荒げたり，反省もしつつ，過ごしてます」「色々なことを先生，友達から見たり聞いたり教わってくれる教育の場だと思う。人の気持ちを考えられる。何でもみんなで楽しめる。集中する力がつくなど」と答えています。

また,「少しある」では,「社会教育の場ではあると思うが,一方的な"教える"ではないような気がする。"教育"がどうかは分かりませんが園が一体となって,そのクラス,その園のことをどう考えどうしていこうとするのか,担任や園長,主任…それぞれが協力し合いながら進めていてほしいです。何かを教えることよりもまず,子ども自身を受け止め,認め,自分が大切な存在であること,素敵な力があることをいっしょに喜んでいってもらえればいいと思います」「基本的な生活習慣は,家庭で整えていくものだと思いますが,保育園で過ごす時間が長いこと,就学前まで保育園へ行く子が多いことを考えると,小学校へ行く前段階として,教育が必要になってくるのでは,と思います。共働き家庭が増える中で,保育園にいただける家庭も比例して増えていきます。単に預かる,だけでなく,集団生活を通して学ぶこと（お友だちと遊んだり,思いやり,協調性）を大切にしていただきたいです。家庭という閉じられた世界では,文字を教えることはできても,社会との繋がりを教えることはできません」といった回答がありました。

　以上の事例から家庭が保育園に望んでいることは,友だちとたくさん遊んで人間関係を育み,コミュニケーション力と社会性や思いやりが育ってほしいと望んでいます。また,生活を通してあいさつができる子ども,健康で安全に過ごしてほしい,就学までに学習する力を身につけてほしいなどが読み取れます。

　しかし,「とてもある」「ふつう」「少しだけ」と答えの質が異なるのは,教育についての概念が異なっているからだと思います。

　つまり,集団の中で社会性や基本的習慣を学ぶことについては教育という概念から少し外れて考えているようです。教育は「教える」あるいは「教えてもらう」関係性を考えているようです。

②**保育園が考える「保育園は教育の場」**

　「保育園は教育の場だと思う」とする保育者の自由記述では,「日

2．アンケート調査からみた保育の質としての教育

常の中で，異年齢の中でも，子ども同士でも学ぶ部分はたくさんあり，言葉かけ一つで，色々な広がりが出ると思うから。子ども自身が自分を好き，人が好き，自分は自分であっていいという自己肯定感を持って，心身ともに，成長していける過程を豊かに過ごせることを保障して，生きる力を育てられる関わり。目の前の子どもを大切にする事。子どもの心（気持ち）や思いをくみとり，読み解く力を常に持ちながら，専門性を高めていく事が大切だと思っています」「すでに保育園では，生活，人間関係，知育…すべて組み込まれた教育の場になっていると思います。保育・教育と，行政的に分けて考えられてはいますが，現場では，どちらの要素もすでに組み込まれているように感じます」「子どもが丸ごとの自分を受け容れてもらえているという手応えと安心をはぐくむ事が乳幼児期の保育であり，それが子ども達の学ぶ意欲になると思うから。生活ケアと教育を切り離して捉えるのでなく，有能な学び手である子どもの『今，ここにある生活』と豊かにする事こそで教育であると思います。分からない時に『分からない』と言えて問題にぶつかった時に仲間の力を借りて解決していこうとする姿勢を育てていける，個人や集団を作っていく事」など，保育の専門性と合わせて行政の教育に関する概念についてふれている記述がありました。

「ふつう」では，「教育だとは思うが，幼稚園の教育≠保育園の教育←教えられる場でなく，学ぶ場，子ども達にとって，最良の環境である事。クラスの人数，人数に見合った保育室の大きさ，職員配置（人数）←子ども達が自分から学び，吸収できる環境が整っているかどうか」など労働条件と合わせて記述もみられます。「子ども達の生活の中で，順番を覚えたり，当番活動で数を数えたり，普段の遊びの中で学び得るものがあるため，字を書いたり，数を教わったり目に見えての教育ではなく，生活の中で子ども自身が数に興味を持ったり，字に興味を持ち，友達も増え，興味のあるものについ

Ⅱ章　豊かな保育の質と教育

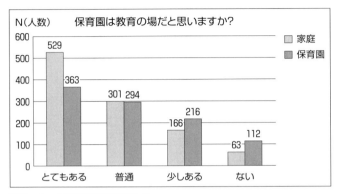

図Ⅱ-1　保育園は教育の場？

て知りたい，学びたいとう思いを持つ頃が大事だと思います」のように，生活を強調している記述があります。生活の中にある教育の存在に気づいているものの，乳幼児期の教育と生活が密着した関係であることにはふれていない記述もみられました。

「あまりない」では，「できるようにならなければいけないということはないが，できることが少しでも増えるようにすることは大切だと思います。楽しんでできることが増えるという場にしたい。子ども達に何かを教えるということは，子ども達がどんな声かけをしてほしいと思っているか活動に対して何を思っているのかという子ども達の気持ちに気づける目が大切だと思う。いろいろなことを感じ取れる保育士の質をあげることが教育の質にも繋がると思う」「のびのびと遊ぶことが一番大事だと思いますが，教育も必要だと感じます。基本的な話を聞くことなど身につけられるようにしたいです」など，ここでも乳幼児期の教育と生活の関係性については切り離して考えているようです。

「ない」の記述では，「保育園は，小学校に行くための準備をするところではないと思います。遊びを通して，集団の中で，発見した

り共感したり，泣いたり笑ったり…等々，日々の生活の中で人間として，社会で生きていく為に大切なこと，かけがえのないことを身につけていく場だと思います。保育に欠ける子ども達を保育する場だけでは決してありません。今，子ども達を取り巻く環境の中で，子どもも保護者もすべて，受け容れ，子ども達が豊かに育つ為に，保育園は必要不可欠です。教育ではない，目に見えない内面の育ち，人間の根っこのところの大切な育ちを援助しています」と述べています。

　保育者は，保育の専門性や質について，大切な事を述べています。しかし，保育園は「教育の場」であるか否かといったことになると，「ない」と明記している保育者が存在します。

　ここでも教育の概念について整理が必要といえそうです。

(2)　乳幼児期の教育の場

　アンケートの自由記述から明らかになったことですが，保育園でも家庭でも子どもの育ちに求めていることは，大きな変わりはありません。「教育の概念」の捉え方の違いだけです。特に養護を必要とする乳児期において，赤ちゃんが人格を備えた人間であるとしたら，養護だけでは知性の基や理性は育ちません。大人からの正しい言語での言葉かけやさしい眼差しによって，赤ちゃんは多くのことを認知していくのです。そのため，保育は養護と教育の一体化といわれているのですが教育はどの環境においても存在します。

　日本語で教育は「教え育てる」と書くために誤解が生じるのかもしれません。しかし，教育とは「だれのための教育なのか」「一人ひとりがより望ましい成長をするための教育の方法とは何か」などをしっかり考えることが望ましいと思われます。乳児期であれば，A君が早くおしゃべりができたとか，Cちゃんは歩けるようになったのにBちゃんはまだ歩かないなど，表面上の比較であってはな

らないことはいうまでもありません。重い障害がある子どもでも，みな同様に発達の道筋をたどり，感性の育ちがあります。教育には一人の子どもの人生が繋っているのです。感性の育ちはその子どもの環境や，それらを通しての経験によって大きく異なります。

環境を通しての感性の育ちは，まだ十分に自分を認知できない生後間もない頃から育まれる教育と，言葉を組み立てられるようになってから知や論として，教えられる教育の2つがあります。

無藤は，『幼児教育のデザイン』（2013）の中で「あそびの中に学びの芽生えがある」と述べています。筆者も同様に考えますが，筆者流にいえば「遊びの中に科学する心の芽生えが育ち，それが先で，その後，並行して学びの芽生えが育つ」と考えます。

乳幼児期の教育は環境による経験や生活ないしは遊びの中で育つものと，子どもみずからの気づきや疑問に対して大人が答えていくことにより育つものが存在すると考えてよいでしょう。

III章 教育の原点は信頼関係を結ぶこと

1. こころとからだから発信する人格の尊重

　遊びを充実させる基本は何といっても身近な大人との信頼関係を結ぶことです。

　幼い赤ちゃんにも人格があります。誕生したばかりの赤ちゃんにもしっかりとした個性や性格があります。そして，一定の法則はありますが，泣く時間やその長さ，排泄の回数，授乳時間の長短，お母さんの母乳の吸い方，飲む量などの行動様式も異なります。それぞれ異なる人格をもち合わせた乳児に，私たち大人はそれぞれ異なる関わり方を発見していきます。このような時，大人が「こうあるべき」と思っての関わりと，乳児の行動や表情から赤ちゃんのこころを読み取って関わるのとでは，人格の形成がまったく異なることになるでしょう。

　最近の乳児の発達研究では，これまで以上に乳児は早い時期から，多くのことを認知していることが明らかにされています。たとえば，人見知りや喜怒哀楽など情動とよばれる分野では研究がすすんでいますが，6か月以前では，泣いたり笑ったりする情動がこころとの関係ではどのように処理されているかについては，明らかになっていないといった報告があります。一方で，生まれたての赤ちゃんは模倣ができるという説があります。本当にこの時期に模倣はあるの

でしょうか？ メルツォフとムーア（Meltzoff & Moore, 1977）の新生児模倣とよばれる他者の表情をまねする行為を実証した研究からも明らかにされています。これは，養育者側からの気持ち，つまり情動が伝わっているからかもしれません。

そして，赤ちゃんの微笑は生理的微笑から社会的微笑へと変化していきます。喜びを感じる時，泣いている時，必ずからだと連動しています。

このように幼い赤ちゃんもきちんと人格をもっているのです。ただ前述しましたように，じょうずに気持を伝えることができません。特に幼ければ幼いほどに子どものこころの動きを，大人が洞察して関わることが，その子ども個人の人格を大切にされて育つことになるでしょう。

2．育つ・育ち合う・育てるということ

(1) 基盤となるアタッチメントと信頼関係

育つ・育ち合う・育てる基盤となるのは，幼い子どもとごく身近な人との間で築かれていくアタッチメントの形成による信頼関係の築きです。アタッチメント理論の研究では，イギリスの精神科医ボウルビィ（John Bowlby）は母子関係論における実証的研究は有名で1988年には『A Secure Base』を発表しています。また，アメリカのエインスワース（Mary Dinsmore Salter Ainsworth）は発達心理学の研究者ですが，ボウルビィに影響を受けた一人でありアフリカでの長期的な研究成果として1967年『ウガンダの幼児』で，動物行動学の視点で愛着の発達と母子関係をまとめています。

近年では，ヘネシー・澄子がアメリカでの臨床経験を基に，適切な時期に大人との信頼関係を結ぶことができなかった子どもの姿か

ら愛着関係がいかに脳にダメージを与えるものなのか，そして，それらの防止策や治療について報告をしています。また，2015年9月30日には，福井大学・理化学研究所・生理学研究所が，共同研究の研究成果として「愛着障害児の報酬感受性の低下を解明」を発表しています。ここでは，愛着（アタッチメント）について不適切な養育によって反応性愛着障害を引き起こす可能性が高いことを述べており，そうした子どもの自己肯定感は低いことも報告しています。さらに興味深いのは，愛着と脳の活動レベルとの関係が科学的な実験結果として報告されています。

　また，同じく福井大学がハーバード大学と共同で行った研究成果からは，「1歳前後までにネグレクトを受けていたことにより，反応性愛着障害をもつ子どもの，線条体の活動低下に影響があった」ことを報告しています（友田，2013）。線条体とは，運動機能や意思決定などの神経系に最も影響を及ぼすと考えられている大脳の重要な部分なのです。

(2) 育つ・育ち合う・育てる

　「育つ」とは，前項でも述べたとおり，子どもがみずから育とうとする発達の力です。そして，「育ち合う」ことの意味は，子どもを軸にして3つあります。子どもと子どもがともに育ち合うこと，次に子どもの行為によって大人が育つこと，最後に子どもが大人の教育的意図によって育てられるということです。

　育ち合うと表現してしまえば，きれいに聞こえますが，育ち合うプロセスはとても複雑です。自分のこころの中での葛藤や喜び，人との関係における葛藤や喜びなど，信頼や不信などさまざまな気持ちが入り交じり，響き合って，育ち合いへと発展するのです。

　個性や発達による違いとその時々のこころの変化が織り成すそれぞれの関係が折り合いをつけてこそ育ち合うことができるのです。

育ち合うことは，相手を育てることにもつながっていくことでしょう。
　人が育つ・育ち合う・育てるということは，特に乳児とよばれている幼い子どもほど，大人から関わりをもつアタッチメントが信頼関係を築く基盤となります。
　アタッチメントは母親と子どもの関係だけではありません。保育者は子どもとのアタッチメントを十分に行うことで信頼できる関係性を育てていかなければなりません。母親とのアタッチメントがうまく築けない環境にある子どもであればなおさらのことで，保育者はしっかりと子どもと向き合い関わることが大切です。アタッチメントが十分にされてきた子どもには，自尊感情が育ちます。近藤は，自尊感情は社会の中で自分の価値を評価する社会的自尊感情と，「あるがままに受け入れ，自分を大切な存在として尊重するものです。…（中略）…満足感や，やすらぎ，安心，あるいは納得のいくあきらめといった種類の基本的自尊感情」があるとし（近藤，2015），さらに根源的で永続性があると述べています。
　乳児期の子どもに必要なアタッチメントは，根源的で永続性がある基本的自尊感情です。保育者が向き合うことで，その子どもの自尊感情の育ちに影響することは，子どもの一生に影響するともいえます。そうした保育者側からの日々の積み重ねが，同時に保育の質をも高めていくことになります。

IV章 遊びが好きな子どもには何が育つか

1. 自然の中で育つ感性と科学の目

　幼い時期に自然の中で遊ぶことが，なぜ大切なのでしょうか。

　自然環境を通してじっくり遊ぶ体験は，豊かな感性の育ちとともに，判断したり理解したりするなど，人として必要な知覚，認知の力が獲得されていきます。その基盤は幼い時期の遊び方が大きく影響するのではないかと思われます。特に，0歳児，1歳児，2歳児の時期から自然の中で遊ぶことが大切です。

　自然の中で遊ぶ0歳から2歳頃の子どもの表情は生き生きとしています。もちろん，この時期の子どもは生理的な欲求が満たされ，情動的かつ情緒的な安定が保たれた時には，感覚で捉えた周囲からの刺激を十分に取り入れていきます。

　やがて，疑問に思う質問攻めの3歳児頃，そして不思議さに気づきその意味を知りたがる4歳児後半頃，そして不思議を不思議としてだけ捉えるのではなく，順序立てて理解しようとする5歳児頃，さらにそのことをもっと深く科学として捉え，柔軟に他のことと関連づけて捉える学童期に向けての基礎となるのです。

　科学（science）の語義は，大辞泉によると，一定の目的・方法のもとに種々の事象を研究する認識活動とあります。乳幼児期の教育は「科学する芽」を育むことが人格形成に大切であるといってもよ

いでしょう。

　科学する芽とは，子どもが乳児期から周囲の変化に気づき，その気づきを子ども自身が感動的に受け止めていくことです。保育者が子どもへの言葉かけや保育の内容を工夫し，望ましい環境づくりをすることが「科学の芽」を育むことになります。そうして成長した子どもは，感動体験を基として物事の変化を体系づけて理解していきます。理解された知識としての体系は，その構造により深い関心と意欲を示すようになります。その関心の対象となったことについて，より意欲をもち，体験してみたいと思う気持ちを増大させていくことになります。そうした経験の蓄積は，学びたいことについて，させられる学習ではなく，より深く充実した学びを求める学習へとつながり，さらに，子ども自らが求める学習となって満足感や達成感へと発展していきます。

　子どもが自然の中で遊ぶことは，豊かな感性の育ちと共に自分から楽しいからしてみたい，おもしろいのでしてみたいとされる遊び体験の蓄積は確かな学習の基であり，想像性や創造性を培い，科学の芽が育つ基本となるのです。そして，思い切り楽しく遊んだ子どもには同時に豊かな自尊感情が育ちます。

2．想像性や創造性と科学の芽

　ヴィゴツキー（Lev Semenovich Vygotsky）は子どもの創造性は遊びと密着したものであり，「児童の遊びと芸術の類似性」を指摘しています。

　ヴィゴツキーは，新しいものを創り出す創造活動は 2 種類あり，ひとつには体験に基づいて再生する活動などがあるとしています。1 歳児や 2 歳児であれば砂場遊びなどで「チョウダイ」「ドウゾ」の 2 つの関係で家庭や保育所での食場面を再現するでしょう。ヴィ

ゴツキーはこうした行為について「心的体験の痕跡を復活させる」と述べていますが，1歳児2歳児の子どもでも「心的体験…（中略）…復活させる」ことになるのかもしれません。

　もうひとつは「過去に体験した印象や行為の再現とは違う，新しいイメージや行動の産出という結果を生むような人間活動，あるいは複合的な行動に属するもの」があるとしています。これは新しいものを創り出す行動を意味します。1歳児2歳児の場合は，創り出そうとして創られるのではなく，偶然が偶発的な結果として創り出されることはあるでしょう。しかし，ヴィゴツキーが述べていることとは少し異なります。

　両者についてヴィゴツキーは，人がもつ脳の機能において，ひとつ目は昔の出来事の再現，ふたつ目は昔の出来事の再現だけではなく新たな行動や異なる行動がいっしょになることで，新しいイメージを創り出すことができるようになっているとしています。このことについて，ヴィゴツキーは「脳の複合化」とし，そして「脳の複合化能力による創造活動を心理学では想像力とよぶ」と述べています。

　想像力は，経験に基づくものであり，経験が豊かになればなるほど想像性も豊かになるとされています。乳児期は，その基盤となる創り出す力を育てる環境づくりに大切な時期であるといえるでしょう。

3．遊びを創り出す"て"と"ゆび"は論理性を育てる

　何かを創り出す力は，子どもがこころを語る"て"と"ゆび"です。
　子どもの"て"は，子どもが何かを創り出す"ゆび"は，何を語ろうとしているのでしょうか？
　子どもの"て"と"ゆび"は，ある時は砂場で，ある時はクレパ

スという道具によって，描くことに没頭していることがあります。子どもの"ゆび"は，小指から発達をしていきます。1歳の誕生日を迎える頃になると，親指と人差し指で小さなものをつまむピンチ把握へと発達していきます。こうして発達した子どもの"て""ゆび"は，遊びを創り，そこに，こころを表現したり，こころを伝えたりする語りとも捉えることができます。

遊びとは，「子どもにとって，こよなく楽しく，その楽しさが次への想像性や創造性を展開させるもの」と考えてよいでしょう。

遊びは，没頭して，他者の存在さえ忘れさせてしまうこともあるでしょう。しかし，子どもの"て""ゆび"は，遊びを通して，仲間とのかかわり，遊びを共有し，共感していろいろな感性を磨いていくことでしょう。

しかし，近年，子どもや若者の対話力に弱さが感じられるようになってきました。

日本における戦後の教育は，70年近くの時を越えてさまざまな問題を抱えています。人が研究を重ねて生み出してきた子育て文化が，子どもが考えたり創造したりとする豊かな発達につながるための素材を見失いかけているように思います。

それがいけないということではなく，保育者は知の財産をもって意識しながら保育を展開させていくことが求められます。

なかでも，子どもは幼い頃から，生活の中で手指を使用することが減ってきています。たとえば現代は，口に食べ物がついたらティッシュペーパーで拭いてその紙はごみ箱へ捨てることが当たり前になっていますが，そこには，子どもと保育者の間でのゆったりとした対話が欠けてしまいがちです。温かいお湯に浸して絞ったタオルで口を拭いてもらい，心地よさと共に模倣で生活の方法を覚えていくのです。これは，子どもの生活の方法と同時に感性を育てるうえでも，保育の場では実践してほしいことです。

人は本来生まれつき反射・感情・感覚が備わっています。これらの能力がうまくつながりあって情報を取り入れ，学びにつながる意欲へと育っていきます。ですから，特に乳児期には，感覚や感情を封じ込めるのではなく，人として豊かな感性に結ぶことができる遊びの展開が求められるのです。

　そこで教育の質が問われるわけですが，子どもが失敗を恐れずに，人間独自の文化である"て""ゆび"を駆使して，のびのびと遊べる環境づくりが大切です。のびのびと遊ぶ"て"と"ゆび"は，科学の芽をもつこころの育ちへと発達していきます。のびのびと科学する芽とは，何かを見て不思議に思ったり，美しいものは美しいと見入ったりする感性の育ちです。科学とは，ラテン語が語源で「知ること」という意味であり，子どもにとって知ることは科学すること，科学することは学びを深めることと解釈できます。乳幼児期の感性の育ちはやがて科学の芽から科学する論理へと関心を向ける力へと発展していきます。

　したがって，乳幼児期には，ゆっくり，ゆったりと，子どものこころに寄り添う教育の質が求められます。それは，やがて思春期に向かう頃さまざまな思いをめぐらせる中で，遊びの原風景を思い出させ，自尊感情を育て，大地にしっかりと足をつけて生きていける人格を備えていく"て""ゆび"になる大切な営みの原点なのです。人は，"て""ゆび"を巧みに操作して人間独自の文化を築いてきたことになります。

　まさに，"て"と"ゆび"が描いた想像が発見を呼び起こし，感動が豊かな感性を覚まして，次への意欲としての学びへと発展していくのです。

Ⅳ章　遊びが好きな子どもには何が育つか

4．コミュニケーションは遊びの質を高め感性を豊かにする

(1)　「ふれてなめて確かめて」の遊びから始まるコミュニケーション

　保育者が集団の中で保育をする際に困難さを感じる月齢は，場所見知りや人見知りが始まる7か月～8か月頃ではないかと考えられます。この時期には，母親や保育者との愛着関係がすでに成立していますが，それ以外の人との関係では，自他の関係を認知できるようになるまで，不安と葛藤をくり返します。

　この時期は，運動面において移動姿勢を獲得し，個人差はあるもののお座りからハイハイへと移行していきます。また，手の操作では5本の指を同時に操作して玩具や食べ物などのものを上から包みこむようにして掴むようになり，対象物に手を伸ばしつかもうとするリーチングにおいても，弓状に放物線を描くようなリーチングから対象物に対してまっすぐに手を伸ばすリーチングへと変化するとされています。リーチングの発達とともに，手でさわる，口にもっていきなめる，という行為もよく見かけます。ピアジェによる発達段階理論では感覚運動期とされている時期です。

　自分の意志で動く随意的な感覚運動が可能となる0歳時期において，保育場面における乳児の行為は，危険と隣り合わせとも考えられます。たとえばその一つに保育場面では「なめる」という行為がみられます。事例7～8か月児は，玩具であろうと，食べ物であろうと，手でさわり，目で見てなめて確かめる行為がみられます。確かめながら，やがてモノと言葉と結びつけて認知するようになります。そのプロセスにおいて，頻繁になめる行為がみられるのが，7～8か月頃です。事例1は，発達とかかわってなめる行為があり，玩具をさわってなめながら遊びを展開していく数分間の観察記録の一部です。保育のあり方を示唆する行為でもあります。なめる行為

4．コミュニケーションは遊びの質を高め感性を豊かにする

は，保育者の保育観ともかかわり，不潔と考えられおもちゃを取り上げられてしまうこともあります。しかし，このなめる行為は子どもの感性を育て，ものとの関係を認知させることから，子どもの育ちにとっても大切な発達のプロセスなのです。そして大人にとっても子どもの対応を学ぶことができるので，子どもにとっても大人にとっても大切な行為なのです。

事例1：保育者とのやりとり場面（一部）

本児の動き	保育者の言葉かけ
○ボールに興味をもち，なめたり，転がしたりする。また，ハイハイしながらボールを追いかける。	○ボールを差し出して遊ぶ。 「コロコロコロー。どこかにいっちゃったね。」 「ほら，おててにもってみる？ もう1つどうぞ。」 「転がしてみるよ。ほらー，コロコロコロー。もう1ついくよ。」
○手にもち，おもちゃをながめる。 ○「あーあー」といいながら椅子につかまり立ちをする。	○音の鳴るおもちゃを差し出す。「そこ押してみて。こっちも，ポチッ。次は？」といいながら歌を歌う。 「あれ？止まっちゃった。」
○おもちゃに興味を示し，はらばいで遊ぶ。 おもちゃをなめたり，積極的に触る。	○うさぎのぬいぐるみを前にかざし，歌を歌う。
○うさぎを取って，なめはじめる。 ○ちょうちょうのぬいぐるみを取って，なめはじめる。 ○別のおもちゃに興味を示し，なめはじめる。	○「交換しようか。」といってちょうちょうのぬいぐるみを渡す。

図Ⅵ-1 玩具をなめて，確かめて

図Ⅵ-2 なめて気持ちを立て直して

この事例では，5分間の間に5回の「なめる」行為が確認されました。

　ここでの玩具のもち方は右手，左手，そして両手でもつなど，もち替えがさかんにみられました。そうした手の操作の間にティッシュペーパーのようにハンカチをたたんで箱に入れて遊べる発達に合った玩具を母親が作りました。それがお気に入りで，ハンカチを出すというよりは放つ行為が繰り返しみられました。1週間前の7か月後半には，腹ばいの姿勢で9回なめる行為が確認されました。時には，カチカチと噛んでいる様子もうかがえました。他の子どもの事例では，5分間の間に3回なめる行為がみられ，玩具のもち替えがさかんに行われていました。また，特徴的だったのは，玩具を両手で持ってなめる行為の前に保育者を見つめる姿があり，その後，なめている間は，なめているおもちゃの感触を確かめるかのように口を動かしながら，目は玩具以外の周囲を見ている様子がうかがえました。これらの事例による手の操作場面では，親指とその他の4本の指で玩具を包み込むようなもち方をしており，5本の指で上からかき寄せてつかむ熊手状把握から親指と他の4本の指でつまむハサミ状把握への移行がみられました。

　ここでは，子どもは，なめて確かめて，次への行動を学んでいるのです。そこにいる保育者は，必ずなめていることを中断させて，口や手を拭いてやることでしょうが，その際には何らかの言葉をかけて大人は行動するのではないでしょうか。乳児は言葉としては，なめた玩具が「柔らかい」とか「固い」とか「おもしろい味がする」などとはいいませんが，味覚，触覚，臭覚を働かせながら，大人からかけられた言葉で，玩具としての遊び方や成長とともに口に入れてよいものとそうでないもの，手が汚れたり口の周りが汚れたりした時の処理の方法なども学習していく基本となります。

(2) 手さし・指さしから始まるコミュニケーション

　対話の第一歩は生まれた時から始まっています。いや，お母さんのおなかの中にいる時から始まっているといってもよいでしょう。小西・吹田（2003）によると受精後7週頃からびっくりしてパッと手を広げるモロー反射のような動きである驚愕様運動がみられ，その後全身運動から手足を動かす運動へと発達していくとしています。母親が胎動を体感するのは妊娠4か月頃からですが，お母さんはお腹の中にいる赤ちゃん（胎児）が動く（胎動）と，「あら，元気な赤ちゃんね」とか「早く会いたいね」などと声をかけることがあります。もちろん，そばにいるお父さんやきょうだいが声をかけることもあるでしょう。このように，対話は胎児期などの早い時期から始まっているのです。

　人間にとって手指の発達は，言葉で十分に表現できない幼い子どもは対話の手段として関係性や応答性の中でしばしばみられる行動です。

　日常の会話においても，手さし指さしの発達では7～8か月頃には「おいで」と身近な人に手を差し伸べてもらうと，そのことに反応して手を差し伸べて，抱っこされにきます。8～9か月頃には，身近なだれかが対象物を見つけてそちらを指さすと，その指先の向こうにある先のものを見つけて，自分も指さしをしたり手さしをしたりします。志向の手さし，指さしともいいますが，これは保育者などが何かを見つけた時，たとえば「ほら，向こうからニャンニャンが来たよ」と子どもに声をかけながら指をさして見せると子どもも指や手をさして同じものを見るといった仕草です。9～10か月頃には定位の手さしや指さしがみられます。子どもが見つけた何かを子ども自身が目的をはっきりさせながら他者に伝える指さしです。11～12か月頃には，自分がしたいことの思いを伝える要求の指さし

図Ⅵ-3　定位の手さし　　　　図Ⅵ-4　問いに応える指さし

が始まります。さらに，1歳8か月前後には，「パパはどこ？」と聞かれたことに対して応える指さしをするようになります。

　1歳後半の応える指さしは，1歳前後の自分の思いを伝える要求の指さしとは質が異なります。それまでは，子どもが相手の問いに応えるといったものではありませんでした。

　指さしは，幼い子どもにとっての気持ちを表現し，人との関係を結ぶ言葉であるともいえます。

(3) 遊びが好きな子どもの創造とコミュニケーション

　対話は，遊びを通してさまざまな創造活動へと発展させていくことができます。1人で考えながら創る，創っては考えて，また再構成する，そこには必ず対話があります。一方で，対話の中から遊びが創り出されることもあります。

　1歳頃になると，「チョウダイ」「ドウゾ」の関係が成立してくることは前述しましたが，1歳児での姿は，大人や幼児期を迎えた子どもからの問いかけなどによる二項関係によって成立します。そのため，遊び場面においても隣で仲間が遊んでいても，1人で遊ぶ

か，仲間の遊びをジーッとながめていることが多く見受けられます。

　また，この時期の遊びは，生活場面の模倣による自分の生活体験の再現から楽しみをふくらませていくようです。人形にタオルをかけてのお昼寝ごっこなども大好きです。人形を寝かせてタオルをかけて，トントンとやさしく背中をさすったり，「ハヤク，ネンネシヨウネ」などと言葉をかけたりもしています。

　3歳に近い2歳児後半になると，仲間との間に三項関係が芽生えてきます。砂場のままごと遊び場面では，カップに砂を入れては「ハイ，プリンドウゾ」などのやりとりがみられます。相手の子どもは「イタダキマス」などと話しながら食べる真似をしています。そうした場面に保育者が入って，さらに遊びを発展的に展開させていくとよいでしょう。たとえば，「○○モ，ツクッテホシイナア」とか「○○モ，タベタイナ，ツクッテクレルカシラ？」など保育者の思いを言葉として，きちんと伝えることによって，子どもはより張り切って砂場遊びのそれ自体を楽しんだり，砂の変化やさわってみた瞬間の手に伝わる感触に気づいたりしていきます。しかし，この時期の気づきは体感的なものです。ただ，そうした体験を0歳児後半からいざなう保育は，遊びが好きな子どもへと導く第1歩になるといえます。

　0歳児，1歳児，2歳児では3項関係の芽生えに向けて周囲からの二項関係による遊びへのいざないを積極的にしていきましょう。

Ⅴ章 乳児期の発達と保育

　子どもの発達は，両親やきょうだいの数，またその子どもを中心とした周辺の人との関係など，環境によって大きく変わってきます。集団生活における保育内容では，子どもがみずから環境に働きかけて人間関係，言葉，表現，健康が相対的に作用することが望ましいとされています。乳児期にはそうした視点で，発達をベースとしてみずから遊びみずから興味関心を深めて意欲的に遊ぶ子どもを育てていきたいものです。そして，やがて学習といった理論的な操作も探求心をもって楽しみながら進めていけるようになることが，大切であるといえます。

　全米乳幼児教育協会（NAEYC）によれば「発達にふさわしい実践の基礎となる子どもの発達と学びの原理」では，12の指標を示しています（全米乳幼児教育協会ら，2000）。中でも1〜4は実践者に最も大切な指標で，日本の保育に似ている点もありますが，発達をベースとした日々の保育実践に繋がる事項が具体的に示されています（表Ⅴ-1）。

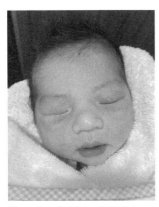

図Ⅴ-1　生まれて7時間後

表Ⅴ-1　発達にふさわしい実践の基礎となる子どもの発達と学びの原理
（全米乳幼児教育協会他，2000）

1. 子どもの発達の領域（身体，社会性，感情，認知の領域）は，相互に密接に関連している。ある領域の発達は他の諸領域の発達に影響され，また影響を与える。
2. 発達は，すでに獲得したもののうえに新たな能力，スキル，知識を構築しながら，相対的に順序を追って起こる。
3. 発達は，個々の子どもの能力の異なる領域間で不均衡であるばかりでなく，子どもそれぞれによって異なる速度で進行する。
4. 乳幼児期の経験は，一人一人の子どもの発達に累積的な効果も，遅らせる影響ももっている。あるタイプの発達と学びには，最適の時期が存在する。

　本章では，日本の保育の指針に書かれている発達について，少し視野を広げながら何をどのように大切にしたらよいか志向していくことにしましょう。

1. 生後1か月から6か月頃の発達と保育

(1) コミュニケーションのはじまりは笑顔と泣きの変化から

　生まれたばかりの新生児は，時おり愛らしい微笑を見せてくれることがあります。この微笑は，乳児が快の状態の時に見せてくれるものです。この時期の微笑は，楽しいから笑うとかうれしいから見せる笑顔とは違います。あくまで生理的なもので，人間がもって生まれた遺伝子に組み込まれたものです。生理的微笑とよばれるものですが，自分の意思による微笑でないことから不随意的微笑とよばれることもあります（図Ⅴ-2）。

　生理的微笑の時期は大半が子どもの状況を大人が判断して大人から関わっていくことに

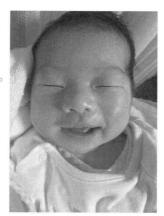

図Ⅴ-2　生理的微笑

なるでしょう。乳児の笑顔を見た大人がその人の感性で乳児へと対応していきます。

　2か月頃には，あやされるとうれしそうに微笑みを返し，4か月頃には自分から身近な人に対して微笑を見せてくれるようになってきます。そして5か月頃には声をあげて笑うようになります。こうした笑顔は自分の意思によるもので，随意的微笑とよんでいます。

　こうした生理的微笑からみずから微笑む随意的微笑へと変化する発達のプロセスにおいて，乳児とどのように関わることが望ましいのでしょうか？

　一方，泣きはどうでしょうか。1～2か月の乳児は不快な時や甘えたい時，要求の手段として泣くことがあります。こうした時についても泣きの意味をくみ取って，今なぜ泣いているのか？　何を求めているのかといった洞察をして，その泣きとなる要求を解消して，快の状態へと導くことが大切となります。特にこの時期の泣きには，たんに不快なことだけではなく，からだが不調であるとされる理由が存在することもあるので，注意が必要です。言葉で表現できない時期の乳児期は，微熱の場合でも重篤な病気に罹っていることもありますので，一人ひとりの子どもの健康状態を観察，把握していつもと違うことに気づける保護者の感性が大切です。

　こうして，生後1～6か月頃の乳児は笑顔や泣きによって表現される快・不快などの情動によって，周囲の人とのコミュニケーションをとっています。

　1～2か月頃は，ものや人を注視するようになります。また，模倣が始まる時期でもあるといわれています。喜びや悲しみ，驚きといった表情についても模倣と関連づけて（Field et al., 1982）報告がされています。メルツォフとムーアの報告によると，生後47分で，舌を出したり，口を開けたり，唇を突き出したりという，口の周りだけの真似をしたということです（Meltzoff & Moore, 1977）。この

実験により，生後間もない乳児であっても模倣行動が起きるということが明らかになったとされています。また，バウワーは，こうした乳児の行為から乳児の模倣はこの時期から社会性をもっていると述べています（Bower, 1977）。しかしながら，乳児を育てている人がだれでも経験する訳ではないので，この説には疑問が残ります。

1～2か月頃の乳児の音声は，「アー」「クー」「ウー」などの甘えたような音声である鼻母音が出るようになります。

3～4か月頃には，鼻母音をともなった喉から声を出す喉子音（こうしいん）の音声が出てくる頃には，「いないないばあ」が大好きになってきます。大好きな人にあやしてもらう，声をかけてもらうなどのくり返しの中で，お母さんを見ると喜ぶ，保育者の顔を見ると喜ぶといった愛着関係がよりいっそう育ってきます。

5～6か月頃には，母音，子音が結びついて強弱，高低などの音とともに1つのまとまりとしての「アーアーア」などの音節としての発声をするようになります。また，「ダーダーダダダ」「バーバーバ」など濁音の発声が始まります。

生理的微笑からみずからの微笑みへと変化する，こうした表情の変化がみられる時期は人として言葉を獲得していく基本であり，人と人の気持ちをつなぐ言葉の始まりといってもよいでしょう。

5か月頃には声を出して笑ったり，乳児の遊びをじっとながめたり，自分から大人に微笑みかけたり，他児といっしょに声を出すなど，人や仲間への関心が芽生えてきます。

(2) 手やからだの発達と遊び

①からだの発達

姿勢運動は仰向けに眠っている際には体幹を軸として，両手や両足は左右が非対称な姿勢ですが，やがて対象的な姿勢へと発達し，さらに体幹を越えて反対側へ手が伸びるようになってきます。例を

V章　乳児期の発達と保育

図V-3　ハイハイ

あげるならば、右側の手が体幹を越えて左側へと手が伸びるようになってくるのです。

4か月頃には、個人差がありますが寝返りをしたり、腹這いをすることが嬉しかったりする子どももいます。6か月頃からはハイハイをするようになります（図V-3）。6か月頃のハイハイは両手両足を床に着けたままで、肘を操作して前に進むズリバイです。こうした時期には、おもちゃをすぐに与えてしまうのではなく、言葉をかけながら、おもちゃに興味をもたせながら、乳児が少しだけがんばれば手を伸ばしてそのおもちゃを取ったり、さわったりできるような位置からおもちゃを見せましょう。達成感につながります。

②手指の発達と遊び

生後間もない乳児の遊びは、手の操作やからだなどの運動操作と大きく関わります。

生後間もない新生児の視力は0.01から0.02といわれています。そして、生後6か月頃には0.1くらいになります。新生児は自分の力で首を動かして角度を変えて物を見ることはできません。目の前におもちゃを見せられたり、お母さんが乳児の顔を覗き込んで語り掛けたりした時に、ぼんやりと見える程度のようです。

2か月頃には、おもちゃを目の前で見せてもらうと、じっと眺めます。やがて4か月頃には45度程度はおもちゃが動く様子を視線で追うことができるようになります。

手指の動きでは、乳児は小指側から発達をしていきます。特に生まれたばかりの乳児は、人差し指、中指、薬指、親指を握っていますが、これは人間がもって生まれた遺伝子による反射的な動きであると考えてよいでしょう。そうした反射的な手指の動きは、やがて

親指が外へ出て、さらに全部の指が開くようになってきます。
　このように手指の発達は、からだの発達とともに、6か月頃には、見て感じてさわってみたい気持ちが達成感につながっていきます。つまり、感覚系と運動系のつながりが自分の意志によって達成できるとされ、随意的に成立するのです。
　達成感の蓄積は、やがて人の自己肯定感につながっていくことでしょう。

2．生後7か月から1歳3か月頃の発達と保育

(1) コミュニケーションは喃語から一語文へ

　7～8か月頃は、「ナンナン」「マンマン」「パパパ」などの喃語が豊かになり、自分から人に対して働きかけようとする活発な発声が聞かれるようになります。人との関係では7～8か月頃には、人見知りや場所見知りが始まります。親しい人とそうでない人が分かり、大きな不安や葛藤が生まれます。そうした経験をくり返す中で信頼できる大人とそうでない人を見分けるようになるのです。2つの世界を獲得する始まりともいえるでしょう。この時期には、母親が離れるとその姿を追うなど、母親への愛着はいっそう強くなります。
　9～10か月頃には、喃語のくり返し音である「ナンナンナンナン」「マンマンマン」反復喃語が活発になって、音声模倣や動作模倣が活発になってきます。動作模倣では、名前をよばれると振り向いたり、いたずらに対する周囲からの言葉は敏感に感じ取ってその動作をやめたりするようなことがあります。
　母親が別の子どもと遊ぶと嫉妬したり、だれかと母親が話をしていると母親に抱っこをせがむなどをしたりすることも出てきます。

また，母親が見ているものを見るなどの共同注意が始まり，バイバイなどの人の身振りを理解したり，相手が指さした方向を見てその先の物を見つけたりする指さしが出てきます。

　11～12か月頃には，「ママ」とか要求の「ちょうだい」を下二文字だけ「ダイ」と発音したり，名前を呼ばれると手をあげて「アイ」と返事をしたりするようになります。また，「ちょうだい」に応じて，躊躇しながら相手に物を渡したり，時には「はい」を「アイ」と表現して返事しながら渡したりするやりとりがみられます。

(2)　手やからだの発達と遊び

①からだの発達

　7～8か月頃の移動姿勢は，両手と膝を床に着けてハイハイをする四つ這いから両手両足を床に着けて膝や肘は床から離す高這いへと移行していきます。また，この時期にはお座りをするようになりますが，最初は両手両足を床に着けて自分のからだを支えてお座りをします。四肢座位ともいいます。そして次には両手を床から離して足を前に出して座る投足座位を獲得していきます。8か月から9か月頃には両手を広げて膝を床について進む四つ這い，そして，10か月から12か月頃には肘も膝も床から離して指を開き両手と両足だけを床に着けてハイハイをする高這いをするようになります。そうした運動操作は，何かを見つけると，その目標に向かってハイハイをしながら，目標を達成しようと努力します。

　また，お座りからハイハイ，ハイハイからお座りへと体位を変化させるのは，多くの時間を要することもありますが，乳児は一生懸命努力して達成することがあります。もし，なかなか達成できないようでしたら，保育者が横から言葉を変えたり姿勢の向きの変化を手伝ったり，前に出て笑顔で「おいで」と言葉をかけるなどして援助をするとよいでしょう。

図Ⅴ-4の子どもは、ガラガラの玩具がほしくてたまらないのですが、保育者がハイハイを促すために子どもの前方でニコニコしながら、言葉をかけながら玩具を遠のけています。子どもは相手にされていることが嬉しいのか、泣くこともなくひたすら玩具を眺めながら追っているところです。

図Ⅴ-4　玩具を追って

　ようやく大好きな玩具を獲得した後には、自分の目の高さにもってじっと眺めています。この子どもはきっと達成感を味わっていることでしょう（図Ⅴ-5、図Ⅴ-6）。

　9～10か月頃は、ハイハイからつかまり立ち、支え立ちを喜んでするようになります。つかまり立ちとはみずから何かにつかまって立とうとする姿です。支え立ちは援助者がいて、援助者に手をつながれて支えてもらいながら立つ姿を意味します。

図Ⅴ-5　つかまえた！

　個人差がありますが、12か月頃には片手支え歩きや、ひとり歩行を獲得していき、自分で興味や関心がある方向へと意欲的な活動が始まります。

図Ⅴ-6　満足

②手指の発達と遊び
　7～8か月頃は、気に入ったおもちゃに自分から手を出してつかもうとしたり、一度つかんだ物をもち替えたり、あるいは5本の指を駆使して上からかき寄せてつかもうとしたりします。こうした操

図Ⅴ-7　つかまり立ちができたよ

作を熊手状把握とよびます。砂場遊びの時なども上から5本の指でかき寄せて砂をすくおうとして全部の砂が指の間から落ちてしまうといった場面が見られたりするのもこの時期です。

　9〜10か月頃の遊びは，両手におもちゃなどをもち，うち合わせて音と遊びを同時に楽しんだりします。また，一方的に容器に入っているものを次々に出してしまい，出すこと自体を楽しんでいきます。11〜12か月頃になると，出しっぱなしではなく，出したり入れたりという2つの遊びを同時に楽しむようになります。

　また，それまでつまみにくかった小さなものを親指と他の4本の指でつまむことを楽しむハサミ状把握となりますが，12か月を迎える頃には，小さな豆粒のようなものを親指と人差し指でつまむピンチ把握へと発達していきます。

　このように手指の発達は，熊手状把握からハサミ状把握，そしてピンチ把握へと発達していきます。

図Ⅴ-8　両手づかいの食事

図Ⅴ-9　おやつはハサミ状把握で

食事場面では，手指の発達がよく確認できます。図Ⅴ-8は，1歳になったばかりの子どもですが，スプーンに食べ物を入れたものの，結局両手づかいとなって食事をしています。遊び場面ではピンチ把握ができるようになっていても，食事場面では，左手は親指，人差し指，中指，薬指の4本を広げて押しあてて食べています。右手もスプーンを上から押さえて食べています。1歳を過ぎた頃には，手の操作の発達とともに日常の生活を通して学びを獲得できる力がついてきます。そのため，無理にではなく食事やおやつの時間を通して，「こうして食べようね」とか「スプーンはこのようにもってみようか」など子どもが自分でしようかとかしてみたいと思う気持ちになれるような言葉がけが大切です。できなくてもやり直しをさせるのではなく，保育者は見守りの姿勢を大切にして，認める言葉をしっかりかけるようにしましょう。同時に咀嚼では「カミカミしようね」など保育者もいっしょに口を動かして見せ，励ましながら楽しい食事時間となるように配慮していきましょう。

3．1歳3か月から2歳の発達と保育

(1) 言葉と遊び

　1歳から2歳は一語文から二語文へと移行します。お腹がすいた時，それまでは「マンマ」「バナナ」などの一語文の要求が「マンマチョウダイ」「バナナチョウダイ」などと二語文で話すようになってきます。そして，表象機能の発達とともに，日常的な体験を再現しようとしたりもします。この時期によく見かけるのはお昼寝場面です。お人形にタオルをお布団代わりにかけて「ネンネ　ショウネェ」などと話しかけたり，トントンと人形の背中を軽くさすったりする姿です。つまり，何かを思い浮かべてごっこ遊びを展開で

きる表象機能の発達が育つ頃に，二語文を話すようになります。この頃は仲間がそばにいて楽しいのであって，協同して一つの遊びを共有し楽しむ姿は多くはみられません。

　３歳をむかえる２歳児後半頃には，協同遊びを楽しむようになります。

　同時期には，自我の芽生えで，できそうにもないことも「ジブンデ」「ヒトリデスル」が増えてきます。

　そして，大人との関係では，子どもが話す言葉の表現よりも大人の言葉の意味や行動の意味を理解することが先行します。そのため，信頼する大人が現在何をしようとしているのかをキャッチするので，たとえば保育者がリュックをもって散歩に行く気配を感じると，すぐに靴箱のそばに行って自分の靴を取り出そうとしたり，帽子をかぶろうとしたりします。

(2) 手やからだの発達と遊び

①からだの発達

　ひとり立ちから一人歩きをして，２歳になる頃には動きに敏捷性がみられるようになってきます。歩行が開始されたばかりの１歳児の歩き方は一直線です。歩いている時に障害物にぶつかりそうになると，じょうずに避けるのは困難なことが多く，いったんその場に止まって向きを変えてまた直線で歩き始めます。やがて２歳をむかえる頃には障害物があっても，それを避けて歩くようになり止まることなくスムーズに向きを変えるなどして歩き続けるようになります。

　以上のことから１歳児から２歳児に向かう時期は，一直線の歩行から自分の思い通りの方向に滑らかに歩いたり走ったりすることができるのです。２歳児ではブランコに自分で座ってだれかにうしろから押してもらい，ゆらゆらとした動きを楽しみます。少し強い揺

れであっても調整力が身についてくると、ブランコから落ちることはありません。

　1歳児の階段上りは、支え歩きで一段上っては両足を揃えてまた次の段をめざしてをくり返します。1歳半頃には階段の手すりをもって一人で上るようになります。そして、2歳をむかえる頃には、大人が階段を上るように一段おきに交互に足を出して上るようになってきます。図V-10はすべり台で遊ぶために一人で階段を上って達成した喜びを見せているところです。といっても階段は危険がいっぱいです。必ずしも一人ひとりの体形や発達に合ってつくられてはいません。保育者は十分に注意して言葉をかけながら楽しんで上るように配慮するとよいでしょう。

図V-10　これからすべるよ

②**手指の発達と遊び**

　親指と人差し指で小さなおもちゃなどをもってその操作を楽しむようになった1歳児は、手首・指先を軸とした遊びを展開するようになります。ままごと遊びや砂場遊びで見せるスプーンの操作なども、手首や指先の操作ができないと、遊びへの達成感が生まれてきません。また、指で砂をなぞって絵を描く、クレパスでキャンバスになぐり書きをするなどにも手の操作の発達は関連しています。

　小さな物を操作できるようになると、1歳児では大人からみて危険だと思われることをすることがあります。たとえば、ビー玉を見つけると、さわるだけでなく、耳の穴や鼻の穴に入れて遊ぶことがあります。そこで安心して遊べる安全な環境づくりとともに「ここは何ができるのかな」「やってみたいな」と子ども自身が思い始める園庭の遊具や砂場、水や木、花の自然環境、同時に室内のおもちゃが整っていることが大切です。

　そして、自我が育ち始めるこの時期には、子ども自身で自分の興

味や関心にあったおもちゃを選ぶことができ、遊び始めることができるような環境設定が大切です。保育者は、子どもは、見ること、聴くこと、ふれること、人と関わることなどを通して育つことの意味を十分理解していきましょう。

4．2歳児の発達と保育

(1) コミュニケーションと遊びへの広がり

2歳児は並行遊びが充実してくる時です。パーテン（M.B. Parten）の遊びの分類の訳では、平行遊びとされています。この時期には、友だちがいる場所を好みますが、いずれにしても、お互いに同じ遊びを共有するのではなく、隣にいながらも同じ遊びを共有することがない遊び方をいいます。

特によくみられるのは、砂場遊びです。一人ひとりは黙々と遊びながらも心の中では"○○のつもり"のつぶやきをもって砂場遊びを楽しんでいるのですが、お互いには交わりません。しかし、そこに保育者が入ることにより三項関係が成立し、いっしょに楽しめるようになり、並行遊びから協同遊びへと変化していきます。

ここでは、二語文や三語文で話し、発音には未成熟さが残っていてもやりとりは成立します。

また、生活面の経験を遊びへと変化させるのも大好きです。図Ⅴ-11の子どもは、雪の日の雪かきやお掃除を楽しんでいます。こうした日常的な生活の模倣から、子どもは生きる力を自然に学び、技術を獲得して

図Ⅴ-11　楽しい雪かき

いくのです。保育者はこうした遊びを共有して子どもが持続して楽しめるように，言葉をかけると同時に，ごっこ遊びなどにもつなげる環境をつくると，子どもは生活体験を遊び体験につなぎ，友だちや保育者と遊びを発展させ，遊びが大好きになって楽しさの中で充実感が育っていきます。

(2) 生活場面を通して

2歳児は「イタダキマス」「ゴチソウサマ」の2つの関係が理解できます。始まりと終わりの2つの関係の理解ができるようになるので，スプーンのもち方や食前食後のあいさつとともに歯磨きの方法なども，この時期の教育として教えておきましょう。

手指の操作とも関連していますが，何よりも人としてのマナーや，それができた時の周囲の友だちや保育者との関係が心地よいものであること，食への感謝などもこの時期から教えておくことは，人間関係を結ぶ社会性の発達とも関連します。また，同時に自分で意識して友だちといっしょに咀嚼をすることも励ましながら伝えていきたい時期です。

図V-12　これからごはん♪

図V-13　いただきます

(3) 手指の操作とからだの発達

①手指の操作と生活

　2歳児は，何でも自分でしてみようとチャレンジすることが増えてきます。しかし，まだまだ未熟なことも多いので，できない自分に気づいて泣いて助けを求めるのもこの時期です。この時期には子どもはこころの中で葛藤をくり返すことがあります。助けを求めたかと思うと助けられることを拒否して泣くというように，他者からすると「本当は何をしてほしいのか」と思われてしまいがちです。

　そうした揺れるこころを見せながら自立の方向に向かうのが2歳児です。食事場面では片方の手で茶碗をもち，片方の手で箸を使うことが好きになり，大人と同じように操作する子どもが増えてきます。

　また，衣服の着脱や，おむつから卒業して排尿などを感じるとトイレに一人で行ったりもします。排泄後のペーパーなどはじょうずに操作ができない子どもがいますので，子どもの気持ちを受け止めつつ，援助をしていきましょう。

②手指の操作と遊び

　表現活動で代表的なのは描画活動です。手指の操作を，描画表現から考えてみましょう。1歳児後半ではなぐり書きだったのが，2歳児頃にはぐるぐる丸となり，やがて2歳半頃には丸，つまり閉じた円が描けるようになります。こうした手指の操作はからだの発達と関連があります。なぐり書きは，肘を軸として描きますが，それ以前は点をいくつも描きます。手首の操作ができるようになるとぐるぐる丸，つまり描き続けるのです。2歳半を過ぎる頃には手首と指の操作が同時に発達してくるので，丸を閉じることができるのです。図Ⅴ-17では，閉じた丸をたくさん描いています。この頃には「これは○○ちゃん」と自分の名前をいったり，「これはぶらんこ」

図V-14 点（1歳児）

図V-15 なぐり書き（1歳児後半）

図V-16 ぐるぐる丸（2歳児）

図V-17 閉じた丸は「○○」のつもり（2歳半〜）

「これはおすなば」「これはスコップ」といったり，日常の遊びにおいて関心をもっていること一つひとつに意味づけをして言葉で伝えるようになります。

③からだの発達と遊び

　1歳児前半は，歩行が可能となる時期ですが，自分でバランスを整えて歩くには未熟さが残っています。しかし，1歳児後半になると調整力が身につき直線をしっかりと歩くようになります。そして，2歳過ぎる頃には，少しの傾斜はからだを調整しながら歩いて上ります。また，何かにぶつかりそうになった時は避けて歩いたりもします。2歳を過ぎる頃には身体面においても2つのことが同時にできるようになります。ケンケンをしながら前進するなども2つの動

図Ⅴ-18 うまくのれない… 　　図Ⅴ-19 うまくのれたよ

作を同時にしたということになります。2歳児後半にはスキップしながら前進することもあります。個人差がありますが，おおむね2つのことを同時にすると考えてよいでしょう。写真のようにブランコもそうです。図Ⅴ-18の子どもはブランコに座ったけれどバランスがうまくとれないようです。2週間後の図Ⅴ-19では，颯爽と，嬉しそうに座っています。これはからだの調整力が身についてきたためだと思われます。

VI章 乳児期の環境と遊び

　現代の子どもたちはからだを動かして自分の目で見て何かを感じ,さわってみて何かを感じることが少なくなっています。自分の体とこころで自分に問いかけ何かに働きかけて,そのことを友だちや大人と共有して,さらに喜びを深めていく,そうした体験が少なくなっています。

　０歳児,１歳児,２歳児の幼い時期においてもこうした体験は幼児期から学童期に向かう人格形成の基礎として大切なこととなります。

　また,現況の保育所保育指針では保育の環境について保育の原理の中で目標として「十分に養護の行き届いた環境の下に,くつろいだ雰囲気の中で子どもの様々な欲求を満たし,生命の保持及び情緒の安定を図ること」とあり,保育の方法では「子どもの生活リズムを大切にし,健康,安全で情緒の安定した生活ができる環境や,自己を十分に発揮できる環境を整えること」となっています。
これらの保育所保育指針の内容は今後改定が見込まれていますが,現在検討されていることとこれまで検討されてきたことを合わせて,遊び環境について先駆者の考えと保育実践の場に学びながら乳児期の子どもにとってふさわしいと思われる環境について再考していきましょう。

1. 仙田満による6つの遊び空間と乳児期の遊び

「遊びが好きな子どもには何が育つか」を語る前に，遊びが好きな子どもに育つために大人はどのような教育観をもって子どもの環境を整えれば遊びの好きな子どもが育つのかを考えてみましょう。

仙田（1992）は，子どもの遊びについて子ども自身が楽しみを見つけ遊びを発展させていく遊び空間として，自然スペース，オープンスペース，アナーキースペース，アジトスペース，道スペース，遊具スペースの6つのスペースをあげています。

その中でも遊びにとって中心的な存在となるのは，自然スペース，オープンスペース，道スペースであると述べています。仙田の研究は幼児期以上の年齢が対象となっていますが，ここでは仙田の遊びのスペースに依拠しながら，対象を0歳児，1歳児，2歳児として考えることにしましょう。

まず，自然スペースは，自然そのものと対峙する遊びですが，0歳児であっても抱っこをしてもらいながら土や砂，水たまりなどに足をつけてみたり，手で冷たい水をさわってみたりする体験が大切です。湖や河川が近い場所にある保育園では，季節によっては魚が泳ぐ姿がみられるかもしれません。

次に，オープンスペースですが，その第一のおもしろさについて，思い切って走りまわることをあげています。その上に立ってかくれんぼなどができる構造がそこに存在することが望ましいと述べています。ハイハイができるようになった子どもやヨチヨチ歩けるようになった子どもでも，こうしたスペースは，保育者といっしょに何回ものくり返しの中でさらに遊びを変化させてさらに楽しみをふくらませてその遊びを発展させることができる場です。

最後に，道スペースの大きな特徴は出会いの場です。初めて会う友だちが遊んでいる場に遭遇してコミュニケーションをとりながら

仲間になっていくとしたら，道スペースは自分だけの遊びの世界を多くの仲間との関係の世界に結んでいく契機にもなります。現代ではこうした光景が少なくなってきていることは残念ですが，母親や保育者に連れられて道を歩いている時に，初めて出会うだれかや遊びに目を向け関心をもってながめているかもしれません。仙田が述べているように出会いの場が遊びへと発展することはむずかしいかもしれませんが，そうした新たな体験として誰かの遊びを新鮮に捉えていく機会となります。

なお，アナーキースペースは廃材置き場や工事場など，アジトスペースは，秘密基地ができるような場と述べています。となると，この2つのスペースは乳児期の子どもの遊び場としては適していないかもしれません。

2．倉橋惣三の自然と遊び

倉橋（1882-1955）は幼稚園雑草の中に以下のような言葉を残しています（倉橋惣三選集第2巻「幼稚園雑草」p53.）。IT時代に生きる現代の人たちにはどのように映るでしょうか。

> 子供の自己活動のもっとも正当なまた最適当な資料として自然のごとくいいものはない。理屈なく教え，教えずして活動せしむるもの，自然にしくものはない。仮に草原に子供を放って，自由に遊ぶままを見よ。きまりきった積木や折り紙の練習と違って，いかに存分に，いかに楽しく，子供らの自己活動が擅（ぜん）にせらるるかに驚くであろう。
>
> 世に子供にもっとも適当な玩具として，自然玩具のごとく適当なものはない。地の与えた自然を，天の与えた自己活動によって楽しむのが自然玩具の第一である。

倉橋は，自然を通して遊ぶことは子どもに満足感からくる達成感を育て，その発展的思考として，科学の目を育てるといいたかったのでしょうか。

　倉橋は，子どもが自主的に楽しく遊び，自己を思う存分発揮するために自然は子どもにとって最も適した教材となるのではないかと述べているのではないでしょうか。以上の文の後には，子どもの遊びにとっての自然は，自然の景色がこよなく美しい，大人が好むような風光明媚な場所へ行くことではないと付け加えています。

　倉橋はフレーベル（Fröbel, F.W. 1782-1852）の幼児教育観に影響を受けています。フレーベルはドイツの教育者であり，初めて幼稚園（Kindergarten）をつくり教育教具の恩物を開発した人です。倉橋はフレーベルの教育観と合わせて，保育内容の中心に教育玩具としての恩物を取り入れています。恩物は，ボールのような形や，積み木や板のような形の教具で，遊び方には決まりがあり，一定のルールに従って遊ぶことになっています。乳幼児が一定のルールに従って遊ぶことはそのことを学習するためのかなりの時間を要します。また，子どもが自分たちでルールを創り，遊びを発展させることがあります。これらの遊びの発展について，後に倉橋は改変することを考えるようになります。著書「幼稚園保育法真諦」の中で，生活の中に学ぶこと，つまり教育が存在していることを述べています。

　いずれにしても遊び方に偏りがなく，子どもが十分楽しんで遊ぶことができて，その遊びの中に教育が存在すればよいのです。となると，恩物という教育玩具は子どもみずからが取り組もうとする遊びとしては少し遊離する点が存在するかもしれません。

　しかし，フレーベルが，遊びの中に教育を見いだしているといった考え方は，乳幼児の遊びの礎となる理論を構築していると考えられます。

以上のことを参考にして，現代の乳児の保育を構築する際には「自然と遊び」「遊びで芽生える達成感」「科学の目を育て学習の基礎をつくる」といった視点で乳児期の子どもの保育について再考してみるとよいのではないでしょうか。

3．子どもにとって理想的な園舎と室内の構造

(1) 園舎の構造と教育

　保育者は，日々の生活の中で，子どもの目の高さに立って話す，共感することが求められます。しかし，保育者一人が受けもつ子どもの人数は，規制緩和等でかなりの負担となっているケースも見受けられます。保育園の経営者や担当する保育者の努力だけでは，無理が生じることがあります。無理が生じるということは，日々の生活は流れていくとしても，一人ひとりの子どもへの言葉かけや対応の質が異なってしまうことが予測されます。つまり，保育者のゆったりした子どもへのまなざしが，子どもと保育者の間の信頼感を育て，子どもの人格の基礎を育てていくと思われますが，その一番大切な教育の営みが日々の生活の多忙さに追われるだけになってしまうのではないかとも思われます。

　子どもの育ちには，保育者との関係がどのような高い価値の物品にもまして大切と思われますが，決められた基準以上に保育者の人数を増やせるだけの財源をもっている保育園は多くはありません。そのための工夫として，園舎の立地条件や室内の工夫は保育者が子どもにやさしいまなざしを送ることができる保育の質と関連します。財源とも関わりますが，夢をもってそしていくつかの保育の宝として未来に向かう保育の構想を考えていくために，ある園の園舎とその構造について紹介しましょう。

(2) 外からも室内からも子どもの動きが見える園舎

　このやさしい周囲の環境と園舎のバランスとそこに見る空間について（図Ⅵ-1），読者の皆さんはどのように感じるでしょうか？
　木立の間の細い土の道を入ると，まあるい形の園舎が目に入ります。全面ガラス張りのため，園庭からも子どもの動きや保育者の動きについて，「あー楽しそうだなあ」とか「リズム遊びをしているのかなあ」「食事の時間かな？」「午睡の時間，すやすや眠りについているのかしら」などと活動の概要は感じとることができると思います。さあ園舎の中に入ってみましょう。

(3) 部屋の中から見える園庭

　園舎からは，園庭が見えます。そして，子どもたちは柔らかい空気が醸し出す園舎から，外の空気を感じるとともに，カーブのあるやさしい室内で，日々遊んだり，食事をしたり生活をしているのです。ガラスの手前に見える木のカーブは，0歳児や1歳児前半の子どもはつかまり立ち，1歳児後半から2歳児はおもちゃを乗せて車を走らせたり，手を置いたりして外をながめたりゆったりした思いで過ごせる場所となっています。木のカーブの高さは場所によって

図Ⅵ-1　乳児室の外観

図Ⅵ-2　乳児室の入り口

3．子どもにとって理想的な園舎と室内の構造

図Ⅵ-3 なだらかな曲線台は安全

図Ⅵ-4 外の環境を感じる保育室

図Ⅵ-5 右側の階段をおりると見える子どもの姿

図Ⅵ-6 子どもを一望できる沐浴台

異なります（図Ⅵ-3，図Ⅵ-4）。

　図Ⅵ-5では，図の右側に階段があり，保育室の子どもが遊ぶスペースの周囲にある円形の廊下からは，子どもの姿が木台の上から見えたり，下から見えたりします。子どもにとっては，木台をはさんで，上からも下からも周囲を見渡せるように構造化されています。座って木台の反対側を見ることもできます。

　木台は配膳台としても使われています。こうした設備の配置は，子どもが生活そのものを感じて，そこから時間の見通しを学びみずから意欲的に次への活動を呼び起こす大きな意味があります。

(4) 乳児期の椅子とテーブル

保育園では午前と午後のおやつの時間，そしてお昼ご飯，授乳の時間があって，椅子とテーブルの存在と仕様は子どもにとっても保育者の健康にとっても大きな影響を与えます。

図Ⅵ-7 は保育者がゆったりと腰かけて授乳ができる椅子です。保育者がゆったりと座って授乳ができると保育者の気持ちが子どもに伝わり子どもの気持ちも落ち着きます。一日に数回授乳が必要な時期の子どもには，保育者と関わる時間は，たんに飲む行為だけではなく，「たくさん飲んでね」「おいしいかな？」といった保育者からの言葉かけは，コミュニケーションをする場であり，子どもの情緒を育みこころとからだを育てる大切な栄養源となります。

ハイハイやひとり歩行ができるようになった乳児期の子どもの保育では，日本の場合，子どもが自分から座ろうとする椅子の高さを配慮して利用する保育園がほとんどです。それは子どもにとっては心地よいものかもしれませんが，気をつけないと保育者の腰痛の原因になりかねません。保育者が健康でないと明るく楽しい保育はできません。乳児にかかわる際には膝をついて腰を伸ばして抱いたり椅子に座らせたりするような援助がよいでしょう。そして，軽くて

図Ⅵ-7　ゆったりとした姿勢で授乳

図Ⅵ-8　使用方法が3通りある椅子

安定感があり，かたづけやすい椅子を選ぶことも腰痛を少なくする要素です（図Ⅵ-8）。また，この椅子は回転させると椅子の高さが三通りに調整でき，工夫してその場に合った目的に沿って使うことができます。

デンマークの例では乳幼児でも大人と同じ高さのテーブルと椅子に座って食事をします。0歳児は椅子の前に専用の小さなテーブルがついている0歳児用の椅子があります。また1歳児と2歳児は，大人と同じ形ですが，デザインは，床と座る平面との間に足をかける場所がつくられています。これは，保育者の腰痛防止という条件と合わせても，特に子どもが座るのに不都合がないとのことです。実際に，筆者の保育観察の時にも，1歳児2歳児ともに援助が必要な子どもは保育者といっしょに，1人で座れる子どもは1人で，努力を必要とする子どもは時間をかけて見守られながら座っていました。その保育園の考え方によって工夫をしたらよいでしょう。

(5) 保育者の動線と健康

保育者が子どもといっしょに遊び，基本的生活習慣の自立に向けての衣服の着脱，排せつ，睡眠への生活面での援助や，安全に守り育てる視点からも，保育者が動きやすい動線の確保は必要です。

また，どのような位置からも保育者が子どもへのまなざしを無理なく向けられるということは，保育者が必要なところへと力を配分することを可能にします。このように保育者の精神的な余裕すなわち健康条件が確保されることで，子どもへの質の高い保育が提供されると思われます。。

園舎の改築などが財源的にむずかい場合でも，ちょっとした工夫が保育を楽しくしていきます。できるだけ保育の創造とは何かに目を向けてすばらしい保育を築いていくようにしましょう。

4．乳児に安全な遊具と園庭の環境

(1) ブランコ

図Ⅵ-9　数人がいっしょに乗って楽しむブランコ

図Ⅵ-10　1人乗り，2人乗りのブランコ

図Ⅵ-11　下が砂のデンマークのブランコ

　乳児用のブランコなどは，多くの保育園に配置されています。ここで何よりも大切にしたいことは，保育者や友だちの表情が見えて，楽しみを共感できる環境づくりが子どもの発達にふさわしいのではないかと思われます。保育者が1人の子どもを抱いてブランコに乗るというのもひとつの方法ですが，保育園では遊びを友だちと共有する楽しみがあります。

　また，安全で楽しみながら友だちと遊びが共有できることが望ましいですが，ブランコは子どもの年齢や揺れが好きかそうでないかによって，加減が必要な遊びです。特に0歳児，1歳児が乗るブランコは安全でなくてはなりません。図Ⅵ-9のブランコは1歳児後半から2歳児，そして，3歳児でも楽しく遊ぶことができます。もちろん，保育者がそばについて，揺れ方を加減してあげることも安全を守る大切な要素となります。

0歳児でもお座りが確実な月齢であれば図Ⅵ-10のような形のブランコの中に安全なクッションを入れて楽しむことができます。

デンマークではブランコの設置場所は砂場のようになっています（図Ⅵ-11）。安全を考えて万が一の際のクッションと見受けられます。

(2) 砂場

　砂場遊びのおもしろいところは，子どもがつくっては崩しつくっては崩す，その中で想像性を働かせて創造していくところです。遊びは，こよなく楽しいと思える行為をくり返すこと，そこで子どもは砂の感触を覚えて成長と共に遊び方も変わり，砂の特徴をつかみ砂がもつ特性や科学性を知り，学んでいくことでしょう。

　竹内らの研究では１歳児の砂遊びの特徴として，保育者が何かを見立てて関わることで砂遊びが成立したり，保育者の行動を見て喜んだりすると報告しています（竹内ら，1997）。同じく竹内らの研究で２歳児の行動特徴では，保育者が「○○みたいね」とか「おいしいね」などの感情移入とリードする言葉かけによって砂場遊びがくり返し持続することをあげています（竹内ら，1997）。

　１歳児後半から２歳児では，自分の方から一語文から二語文で表現しながらの見立て遊びが展開されていきます。大人との「ちょうだい」「どうぞ」のやりとり，一人遊びでは一度器に入れる，器に入れた砂をひっくり返して見立て遊びにも変化を加えて，２つの関係の中で同じ遊びをくり返すことが大好きになります。

　保育の中では，子どもの砂遊びを見守りながら，遊びがさらに発展して持続していけるように，適切な時間的空間を考えて適切な言葉かけをしていきましょう。

　なお，０歳児は砂をなめてその特性を確かめるので，安全衛生面に十分な注意が必要です。

　乳児期の子どもたちが砂場遊びをする時に，より発展的な遊びへと移行するためにおもちゃの環境を整えることを大切にしたいものです。おもちゃの環境とは，子ども自身が選択して自分で出して遊

んで自分でかたづける環境づくりです。保育者が出すおもちゃだけでは子どもの意思を尊重したことにはなりません。そのためにはおもちゃが保管されている棚の高さや形などにも十分な配慮が必要です。

(3) どろんこ遊びで五感を育てる

1歳になったばかりの子どものどろんこ遊びは、その日の子どもの健康状態と遊んだあとにシャワーを浴びて、衣服の着替えをすることで子どもは清潔にすることの心地よさを経験します。そのように子どもの健康と安全を守り、衛生管理をしっかりすることなどの配慮を十分にすれば、どろんこ遊びは子どもの感性を育てるためのすばらしい教材であると考えられます。

図Ⅵ-12の子どもは、ハイハイで地べたからどろんこ水でできた川をわたって土山へと登ろうとしています。この子どもの表情は、真剣そのものです。どろんこの感触を楽しむ前の右の手は、はじめにどろんこやどろんこ水の感触を確かめているといったところでしょうか。どろんこ水は、ふつうの水の流れや感触と異なります。写真の子どもの右手と左手、右足、左足は水で溶かされたどろんこの濃度が違います。どろんこがついたTシャツもふだんの感触とは違うでしょう。

図Ⅵ-12　どろんこの中で五感が育つ

どろんこ遊びを何回も経験することで、その遊びの楽しさが分かってくると、熱中して持続して楽しめる遊びとなります。

五感を使って五感で感じて楽しむ遊びは、子どもの成長に不可欠なものです。どろんこ遊びは水の冷たさや温かさ、ぬるっとした感触、やわらかさを

ともなったやさしい感触，それらを手のひらで描いたりからだを支えたりしながら，科学の目の基本となるこころとからだで，学習していきます。

(4) 遊びを通して身体運動の調整力を育てる

　図Ⅵ-13では，幼児が，縦に割った竹を土粘土でつくった土山の上から，その傾斜に沿って竹を置いてそこに水を流しています。自分が立ってその水の流れを見るために，滑りそうになりそうなからだを転ばないように調整して，自分の体にバランスを保つようにしてながめています。ここでは，水の流れの不思議さとくり返し遊んでいる年長児の姿を見て楽しんでいる様子が伺われます。遊びの中で調整力が育つ基礎であるともいえます。調整力とは身体各部と感覚，知覚などと関連して運動能力などを生み出す力であると考えてよいでしょう。高度な技術では協応性や巧緻性が増すとか育つとかいう表現もされます。そうした運動能力の1つである乳児期から培われた調整力は，幼児期に向けて自分がめざす目標，たとえば竹馬や棒登り，鉄棒などでも，自分で考えた技術への方法とからだの動きがともなったり，技術を習得する挑戦に対する安全面での機能が自然に身についたりすることになります。

図Ⅵ-13　水たまりに木材を浮かべて

　図Ⅵ-14では，調整力を駆使しながら，浮いている板に足をかけて場を移ろうとしています。プラスチックの空

図Ⅵ-14　さあ船遊びできるかな

き箱や廃材の板で，こんなにも多くの学びがあるのです。

　もちろん，保育者はその意図を十分に知識として備えた上で，身近な遊び道具として環境づくりをしているのです。

(5) すべり台

　0歳児，1歳児のすべり台は，どの程度の高さがよいのでしょうか？　階段を上る，そしてすべりおりるわけですが，問題は高さより傾斜だと思います。1歳児はすべる際に頭から下りていきます。2歳になると階段を上って座りなおし，足から降りていきます。そうしたことを考えると，少し幅が広いすべり台では，からだにバランスを失ったとしても下に落ちる危険性は少ないのです。すべる中でからだの向きが変化しても横から落ちてしまわない幅です。乳児のすべり台遊びは子どもの調整力を育てる基礎を育てることになります。

　1歳児後半から2歳児前半の子どもは自分の興味があれば大人が見ていてドキドキするような方へと行き，高い所へ登って行ったりシステム遊具にかけてある自分の足の幅では届かないような高所のはしごをわたることに挑戦したりする姿が見られます。滑り降りる時の安全性と合わせて，幅が広い滑り台はもう一つの安全面での環境を整えることが大切です。滑り降りながらからだが自由自在に動くわけですから，下の地面に到達した時には，2歳児でも足から降りるとは限りません。デンマークの保育園では滑り台の着地場では砂場のように，砂を敷き詰めてあります。こうして子どもの身体を安全から守る環境を整えるとよいのではないでしょうか。

　やりたい気持ちを認めながら，見守り

図Ⅵ-15　好きな体の向きで遊べる広いすべり台

と援助の視点で子どもの姿をじっくりみていくようにしましょう。

5．自然環境を生かした保育

　仙田や倉橋が保育の環境について述べていることで共通しているのは，自然を通して遊ぶことは，子どもの遊びを制約することなく，のびのびとその子どもが自分らしく遊べる要素が大切であると主張している点です。これは乳児期の子どもでも同様のことがいえます。

　近年は，都市化が進み，さらに駅前保育が存在し，それぞれの状況下で保育が実施されています。しかし，どこにいても自然はあります。空を見上げれば雲や太陽が見えます。乳児期の子どもは，お天気の変化や様子をからだで受け止めます。その様子は瞬きであったり顔色が変わっていったり，手足が冷たくなったり汗をかいたりなど，いろいろですが，保護者からは，観察により自然の変化をどのように受け止めているかがキャッチできます。そして，保育者がそうした子どもの姿から子どもの心や思いを受けとめて，さらに話しかけていくことによって，乳児期の自然を生かした保育は始まります。

　保育園での保育は長時間になりますので，できるだけ毎日保育園から出て散歩をするとよいでしょう。

　散歩先は，安全面において十分な注意が必要ですが，保育園が立地する環境条件と合わせて目にすることや感じることが異なり新鮮な体験をします。保育園の周囲を散歩する中で子どもの発見に気づく保育者の姿勢が大切です。ここでも保育者は子どもの気づきに共感をして他の子どもへも楽しさを伝えていきましょう。

　また，散歩先では，子どもが転んでケガをすることも考えられます。子どもの行動を予測してできるだけの準備をして出かけるようにしましょう。

VII章 遊びの中で獲得していく2つの世界

1. 感性を育む

(1) リズムと音を楽しむ

　誕生したばかりの赤ちゃんは，母親や保育者に抱っこをされながら，やさしい歌声に音を心地良く感じたり，快さの中で寝入ってしまうこともあるでしょう。乳児は音に対してとても敏感です。少しの音にびっくりしたり，泣いてしまうということもよくあります。しかし，1歳を過ぎる頃には，ピアノのリズムに合わせて，嬉しそうに相手の表情を見ながら手足を動かしてからだ全体で表現するようになります。やがて小さい赤ちゃん象の歩く音，大きなお父さん象の歩く音などと擬人化された言葉で保育者がいっしょにからだを動かすと，幼い動きではありますが，同じようにからだを動かします。このように小さい赤ちゃん大きいお父さんの2つの関係，また，音を聞いてからだ全体で表現するといった2つの関係がわかり同時に表現できる模倣が可能となるのが2歳頃です。また，保育者の言葉かけによってからだによる表現とピアノの音の強弱と保育者の言葉が重なりをみせますが，やがて2歳児後半になると，対象性のある2つ，大・小，長・短，大きな音・小さな音，男の子・女の子などの対の世界を理解し，音を聞いて保育者が示すルール，たとえば，

音が出ているときはケンケンをして音が止まったら2人で手をつなぐといった，3つのルールを守った表現を楽しむようになってきます。

　身体表現だけではありません。歌を歌う時の表現でも同様のことがいえます。模倣が始まったばかりの1歳前後の子どもは，保育者が手をたたいてリズムをとっているのを同じように真似をして楽しんだり，座ったままからだをゆすったりしてリズムを感じます。1歳児後半では，歌詞の理解よりも耳で聞こえてくる歌のリズムをからだで感じてからだをゆすって楽しみ，2歳を迎える頃には身近な花や小動物が出てくる歌詞では，歌詞に出てくる言葉の理解と歌のリズムが一致して楽しむようになります。

　強弱，大小などの対の世界から，さらに言葉とからだでの表現へと広がりをみせるようになるのです。

(2) 絵本は音声から

　徳永（2009）は，4か月頃の子どもは，視力が0.01～0.02程度のため，絵本の選定や読み聞かせの技術には工夫がいるが，絵本との出合いはこの時期から可能であるとしています。ただ，この頃は，絵本を見ることより音声を聞いてそこに心地よさを感じることが中心となります。絵本の読み聞かせは，子どもの機嫌のよい時は望ましいと考えている人もいますが，4か月の赤ちゃんが激しい泣き方をしている時に，絵本をわらべ歌調に読んでみたところ，その音声を聞いてぴたりと泣き止んだというような事例もあります。途中から視線は絵本を見ているようにも感じましたが，幼児のように「ここがおもしろい」などと説明はしてくれません。また，読み手が子どもが絵本の絵を見ているように感じても，絵の中のどこに着目しているかは正確なところの理解はできません。

　そうしたことをきっかけに，京都大学大学院の明和研究室の研究

グループの全面的な協力によって、保育を科学的な視点から探る実験を試みたことがあります（今福ら、2016）。

その実験とは、保育者の絵本の読み聞かせを映像化して、自動視線追従装置（Tobii TX300）を用いて読み聞かせ場面の視線についての調査をしたものです。3つの条件をつくり、経験8年目の女性保育者に1歳から1歳1か月の子どもに読み聞かせをしてもらいました。その条件として①大人がぶっきらぼうで表情を変えずに棒読み、②保育者が日頃読み聞かせをしているような語りかけ、③わらべ歌のようなやさしい口調で音調豊かに語りかけるのなどの3条件です。

子どもが絵本と読み手の関係をどのように見比べて注視したのかというと、②保育者のやさしい語りかけと、③わらべ歌調の語りかけにおいて、絵本の中の絵よりも読み手の表情を見る時間が長かったという結果が出ています（大橋ら、2014）。

それは何を意味しているのでしょうか。赤ちゃんはより心地よい音声に敏感に反応しているのではないかと思われます。

ここでの音声は、情動の世界から安定した情緒、そして感性豊かに筋道をもって言語表現できる幼児へと育つ基礎として大切にしたことの1つであると考えられます。

2．砂場遊びでの1つから2つの世界

(1) 手と指の感触から

砂場での活動は、何歳頃から始めるのが適切な保育なのでしょうか。保育観によって大きく異なります。5本の指が開く7〜8か月頃の子どもを砂場へ連れていく時は、何でもなめて確かめる時期で

あることから，安全面に気をつける必要がありそうです。一方で，砂の感触を楽しむことができます。砂の感触は，日当たりがよい場所かそうでない場所なのかなど，砂場がおかれている位置によって，またその日の天気によってもさわった時の感触が異なります。保育者は何気ない日常生活の中で，「サラサラシテ，キモチガイイネ」とか「ツメタイネ」などと言葉をかけていることでしょう。しかし，ここに対の世界が存在することは意識していないことが多いのではないでしょうか。

「ツメタイ」の反対は「アタタカイ」，「ザラザラ」の反対は「ツルツル」というように，砂をさわる体験から対の言葉と認識，そして感性を深めていきます。

(2) やりとりにみる対——数と量

1歳を過ぎる頃には，親指と人差し指で小さなものをつまむとか，スコップをもつことを楽しんだりするようになります。手の操作が未熟なため，スコップで砂をすくおうとして自分の顔に砂をかけてしまったりすることもありますが，徐々にスコップで砂を容器に入れて○○をつくったつもりになり，保育者の「ちょうだい」といった言葉かけにより，ニコッと「ドウゾ」と渡す仕草がみられます。ここでは「ドウゾ」「チョウダイ」の対の言葉が出てきます。そして，「モットチョウダイ」「スコシダケ，チョウダイ」などの抽象的な言葉のやりとりが始まります。

前者の「モットチョウダイ」は2歳頃には理解できますが，「スコシ」の対である「オオイ」は言葉としては理解できるかもしれませんが，量としての感覚は3歳頃になるのではないでしょうか。

そのような時は，数で知らせると2歳の子どもでも理解ができます。同じカップ2個に同じ位の量を入れてみましょう。「ハイ，イッコドウゾ」とカップの1つを渡しましょう。またもう1個の

Ⅶ章　遊びの中で獲得していく2つの世界

カップに入った砂を同じようにして渡してから、「イッコ」「ニコ」と1つずつ手に取って子どもの前で数えてみましょう。

しかし、数を教えるのが目的ではありませんので、そうしながら見立て遊びによる創造性を豊かにしていく言葉かけを大切にしたいものです。

(3) おもしろさの中で持続的な意欲を育て創造的に発展する遊び

つくっては崩し、崩してはつくる粘土遊びは変化ある素材を楽しみます。形の変化は子どもに次にみられる新奇性のおもしろさを育みます。2歳頃の子どもにとっての新奇性とは想像していたこと以上の新しい発見をいいます。そこには、次々に変化をしていく中で、「○○みたい」などとした見立て活動から対話が生まれます。

粘土遊びはその例の1つといえます。0歳児から1歳児頃までは口の中に入れてしまうこともあるので、健康にやさしい小麦粉粘土や紙粘土を保育者の手づくりで与えるのもよいでしょう。しかし、小麦粉アレルギーをもっている子どももいるので、米粉を使うなど家庭と十分連携をもって遊びの素材を考えることが大切です。また、この時期の子どもは、友だちがもっているものを横から欲しがることもあります。アレルギーをもつ子どもが1人でもいる場合は、素材の質を十分吟味しましょう。

(4) いれて・だしての2つの世界

2歳頃にはおかたづけの意味が分かり、保育者に促されながら自分でかたづけをするようになります。そうした時期には、遊びでも「ダシタリ、イレタリ」する遊びが大好きになります。

2歳児前半では、煙突がある家を段ボール箱などで作成し、その煙突に鉛筆状で危険がない形のものを用意して、煙突から家の中に

落としては，ドアを開けて取り出すなどをくり返す遊びです。また，豆を小さな容器に入れては取り出すなどの遊びも大好きです。

　パズルボックスのように，1歳頃は，丸の形をした「マル形」を型にはめる操作ができます。その後，2歳頃になると星形や花形などの数種類の形を同様の型に入れる遊びも大好きで，何回もくり返して遊ぶようになります。見えたものを見えないところに入れる喜びと新奇性や，達成感がある遊びの1つです。

乳児期の教育

1. 感性の育ちと教育

(1) 食場面にみる2つの世界へいざなう教育

　近年では，育児休暇が取れるようになったことから，産休明け生後2か月で入園してくる子どもは減少しています。

　しかし，ここでは授乳する際の教育的意味について考えてみましょう。

　保育者は，乳児をやさしく抱いて授乳をしますが，保育の現場では保育者と子どもの1対1の関係を保つことがむずかしい時があります。他の子どもに言葉をかけながらの授乳となることもあります。しかし，生後間もない乳児は保育者の顔を見ながら一心にミルクを飲んでいきます。ただ栄養を補給するだけではなく，ここでもこころの栄養を与えるように気をつけましょう。「おいしいかな？」「たくさんのんだね」などといった言葉がけです。保育者は自然とこうした言葉をかけていることもありますが，ここには，やがて成長していく乳児が2つの関係を言葉と結ぶ基本があることを，あらためて意識してみましょう。

①1歳半頃の乳児の食場面での教育

　1歳児頃には「マンマ」「ママ」などの初語が出始めます。そう

した時期には，おやつや給食の場面を通して「オイシイネー」あるいは「オイチイ」などと表現することがあります。その形容詞としての表現は，言葉が出てきたばかりの子どもにとっては名詞のような一語文の役割を果たしているかもしれません。しかし，一方で子どもは，そのひとことに意味があり，心を込めて「おいしい」と話すことがあります。主語は語れませんが，一語文の中に述語としての意味をもった表現がされていると考えてもよいのではないでしょうか。同時にこころからおいしいといった感情を表す微笑みがこぼれていることがあります。

　この微笑みの奥にある本当の気持ちは大人には推測できるものではありません。が，少なくとも大人が，この時期の子どものこころを表情から読み取り，応答していくことが，子どもに共感することになります。

　初語はおおむね1歳頃に聞かれますので，2つの世界が誕生する2歳頃には，「オイシイ」「オイシクナイ」の対である2つの関係が味覚を認知しながら言葉と結びつけて話すことができるようになります。

　また，給食場面では「熱いからフウフウしようね」などと，言葉をかけることがあります。そうした言葉の後には「さめたかな？」などと声かけをして「熱い」と「冷たくなった」の関係をしっかり示しておきましょう。

　そうした中で，保育者は共感と同時に「おいしいね」と言葉をかけてみましょう。そこには，「2つ」への世界へいざなう大きな教育的意味があります。

②食べる時の手と道具の操作—2つを意識した教育

　2歳頃には食事場面では，スプーンから箸の使用へと移行します。スプーンは1つの世界です。離乳食の時期はスプーンで食べさせてもらい，やがて自分で1つのスプーンをもって食べ物をじょうずに

すくえなかったりしながらも保育者に援助をしてもらいながら，自分で食べ物を口に運べるようになってきます。やがて2歳頃になると周囲の年長の子どもや大人の真似をすることを好むようになってきます。ここでも2つの世界です。最初は「ジブンデ」「ヒトリデ」の世界でお箸を上下互い違いにもつこともあります。ここでも「ヒトツ」と「ヒトツ」を合わせて「フタツ」です。やがて，言葉に広がりを見せる幼児期になる頃には「ヒトツ」と「ヒトツ」で「一膳」とよぶことを覚えていくことでしょう。このように生活の流れの中で自然に言葉と認識を結び生活を楽しむための知識を身につけることで，食事の時間が楽しいものとなることでしょう。

(2) 「1つ」から「2つ」への世界へいざなう数の教育

①おやつ場面での数の教育

　0歳児のおやつは，子どもに危険がない範囲で子どもの目の前で配膳するとよいでしょう。6か月頃になると，保育者が配膳をしている間に，テーブルの上に登ってしまったり，椅子からおりてハイハイや伝い歩きを始めたり，保育室がたいへんになってしまうこともあるでしょう。しかし，こうした時こそ，保育者の専門性が問われるのです。

　たとえば10人の子どもと3人の保育者がその場にいたとしましょう。以下の3つの保育の形態の中で，あなたはどれを選びますか？

　　A．長方形のテーブルに10人の子どもが座り，1人のA保育者が手遊びや絵本を読んでいる間に，B保育者は，後ろから10人の子どもの手を拭いていきます。C保育者は子どもの前にそれぞれに応じた内容の食事を置いていきます。そして，一斉に「いただきます」を始めます。
　　B．丸いテーブルに座る前に，歩いている子どもたちはA保育

者に促されて洗面台の所で手を洗い椅子に座っています。ハイハイの子どもたちはＢ保育者に手を拭いてもらっています。そして，Ｃ保育者はテーブルの前で配膳の準備を進めています。全員が椅子に座ったところで，子どもたちの目の前に食べ物がならべられて「イタダキマス」をします。丸いテーブルでは向かい合っているので，友だちの顔が見えます。
Ｃ．正方形のテーブルに座る前に歩いている子どもはＡ保育者に促されて洗面台の所で手を洗い椅子に座っています。ハイハイの子どもたちはＢ保育者に手を拭いてもらっています。そして手を拭いてもらった子どもから保育者が配膳をしていきます。

　上記３事例のうち，皆さんはどのような保育を選択するでしょうか？　それぞれ保育所（園）の考え方や，築いてきた歴史がある中で，一概に判断はできないことだと思われます。
　しかし，保育の日常は，保育者の言葉かけだけではなく，友だちの顔が見えることで，活動が豊かになると考えられます。そして生活の一部であるおやつの時間に注目してみると，その時間は教育の基礎である数の概念を伝えるとても大切な場面でもあると考えられます。
　たとえばクッキーがその日のおやつに出たとします。それは子どもにとって魅力ある食の１つですが，保育者が配膳して出して「イタダキマス」とするだけでよいのでしょうか？
　ここでは，０歳児には「クッキーどうぞ，はい１つ」といって渡してみましょう。１歳児後半は「１つ」の認識が成立します。そのためクッキーは大きなお皿に数枚入れて，「はい，○○ちゃん，クッキー１枚どうぞ」といいながら，子どもが１枚のクッキーを選ぶのかを見ておきましょう。

2歳児は2枚と2つの概念が理解できます。言葉で表現した数と見たものが認知されて結びついていきます。

　自然な生活の営みの中で，子どもは小学校へ行くまでに生活の中で自然に数の認識を深めていき数を使うことを楽しむようになるのです。こうして得た数への知識は，数の計算だけではなく，生活に必要な知識の獲得へとつながっていくのです。

②集団の日常的な生活において獲得する2つの世界

　集団の場では，「男の子はここに並んでね」とか「女の子はこちらの椅子に座ろうね」などと，日常的に男の子，女の子といったカテゴリー化された呼称をすることがあります。自分が男の子であるとか女の子であるということはどのくらいの時期から理解ができるようになるのでしょうか？　これも「2つ」の関係であり対の関係です。

　田中はおおむね1歳後半頃から理解ができるようになると述べています（田中，1997）。この時期には，「オオキイパパトチイサイワタシ」「オオキイワタシトチイサイアカチャン」などといった，大小の2つの関係も理解できるようになってきます。

　また，人のことを最初に「ママ」という言葉で覚えたら，男の人を見ても「ママ」という時期があります。やがて男の人は「パパ」，女の人は「ママ」というように2つの世界を理解するようになります。この時期にはたとえば犬を見て「ワンワン」と覚えたら，しばらくの間は，猫を見ても「ワンワン」と言うことがあります。犬と猫は四足動物という点で共通していますので，そうした言葉の表現をすることがあります。やがて2歳頃には犬は「ワンワン」，猫は「ニャンニャン」と認識するようになってきます。

　保育の中では，こうした育ちをしっかり支えていくとよいでしょう。特に散歩先などではしっかりと「そうだね。ワンワン来たね」と，そして四足がすべて「ワンワン」の時期には，共感しながらも，

さりげなく「ニャンニャン来たね」と伝えるのもよいでしょう。

こうした時期には，「オオキナワンワンガコッチニキタネ」「チイサナアリサンダネ」などの言葉をかけて，言葉と物の認識を深める働きかけを大切にするとよいでしょう。

③ 2つが分かって靴を揃える

乳母車に乗っている時に靴を履いた，歩行開始前の赤ちゃんを見かけることがあります。安全の確保と事故防止であったり，防寒のためであったりもすることかあるかもしれません。歩行が開始する1歳前後の子どもでは，靴の左右を意識することなく反対向きに履いていたり，「ジブンデ」「ジブンデシタイ」を主張する2歳頃の子どもでは，左右反対に履いていて感覚的に「ナンダカヘンダナア」と思うなどしたりして機嫌が悪くなることもあります。そうした時には，数を合わせて2つの世界へと導いてみましょう。この年齢では，時には左右反対に揃えたり，上下逆さまに揃えたりということもあるでしょう。こうした時も2つ揃えることができたことに対しての評価をしながら，さりげなく「こうしたらどうかな？」と保育者が履きやすい方向に揃えて見せるのもよいのではないでしょうか。子どもが生活の中で，2つと対の世界を獲得していっていることを保育者が認識することが大切なのです。

2．育ち合いの中で学ぶ小さなルール

(1)「ちょうだい」「どうぞ」の教育的意味

5～6か月頃の子どもは，人との関係において声をあげて笑い，母音，子音が結びついて強弱，高低などの音とともに音節的な特徴をもって，「バーババババ」などの濁音が聞かれるようになってきます。その時期には玩具を手にもたせてもらうと，嬉しそうな表情を

みせます。そして，この時期は自分が遊んでいた玩具を少し大きな子どもに取られてしまった時，びっくりして泣くことはあっても，玩具への大きな愛着はありません。

　ところが，7か月から8か月頃になると，自分で手を出して好きな玩具を取って遊び，好きな玩具を目的にハイハイで，一生懸命努力して自分の手に入れるようになります（V章2．参照）。この時期には，人見知り場所見知りなどの2つの関係で，自分の気持ちが揺れ動いたり，葛藤したりします。そうしたことから，おもちゃを取られると泣く姿がみられます。

　1歳半頃になると気に入った玩具への一途な気持ちがはたらきます。たとえば，同じ玩具を両手にもっている子どもがいたとします。そして，他の子どもがそのうちの1つ欲しいといっても両手から決して離そうとしません。

　保育者が，「ドウゾハ？」「チョウダイハ？」と言葉をかけてもよりいっそう頑なに渡そうとはしませんが，そうした時は，もっている玩具の遊び方やおもしろさを共感してみるとよいかもしれません。そして，「1つ貸してあげようか，どうぞは？」と言葉をかけると，子どもは自分の気持ちも受け入れてもらいながら，相手に1つ渡すかもしれません。相手の子どもは「アリガトウ」ということでしょう。

　1歳から2歳に向かう子どもは，相手に喜んでもらえることで遊びを共有する楽しみを学ぶのではないかと思われます。

(2)　ジュンバン・順番・じゅんばんから学ぶ待つこころ

　0歳児は生活の中で保育者の援助を受けて，日々の生活を送ることが多いのではないかと思われます。しかし，そうした中で，家庭においても集団生活においても，何かを待つ機会は多いものです。

　近年は大人の方から子どもが何かを求めていることを先に察知し

てしまい，先回りしてしまうことが子育てに必要と考えている場合が多く見受けられます。大人も子どもも待つことが苦手になってきています。そのため，集団生活の中で，順番を待つ機会は大切にしたいものです。

　日々の保育の中でたとえば排泄場面でおまるにかける時，食場面では食事やおやつを配ってもらう場面などは，保育者はクラスの子どもに同時に関わることはできません。そうした時は必ず「ジュンバンダカラマッテテネ」と保育者が言葉をかけることによって，子どもは見通しをもって順番を待つことができます。イライラしたり不安定になったりすることは少なくなります。このように保育者の小さなこころ配りと言葉かけで，子どもは待つことと順番を覚えていきます。ここで，保育者との信頼関係も育ちます。

　遊び場面においても同様で，ブランコ遊びや保育者に抱っこをされてのすべり台遊びでも「ジュンバンネ」「マッテテネ」は情緒の安定とともに，待ってから遊べることへの達成感にもつながります。短い歌を歌って「この歌が終わったら交代ね，順番待っててね」などど，言葉を添えてもいいでしょう。

　こうした集団の中で自然と身につける学びは，学童期，思春期に向かう自己肯定感の育ちの基礎として大切な保育の教育的営みなのです。

IX章 科学する芽は子どもの気づきと保育者の共感から

1. 乳児期の科学する芽とは

　科学（science）とは，大辞泉によると，「一定の目的・方法のもとに種々の事象を研究する認識活動」とあります。大辞林では，「学問的知識。学。個別の専門分野から成る学問の総称。『分科の学』ないしは『百科の学術』に由来する」とも書かれています。こうしてみると，かなり学問の探求と結びついているような言葉であるとも考えられます。

　科学という言葉の歴史をたどれば，ラテン語の scientia（知識）に由来しているとのことです。

　0歳児，1歳児，2歳児を対象とした本書では，子どもの育ちに「科学」という言葉を使用することに違和感をもたれるかもしれません。しかし，ここで述べることはあくまで「科学する芽と豊かな感性」の育ちです。

　語源の scientia（知識）から考えてみましょう。一般的に scientia（知識）とは，何かを覚えることと勘違いをされがちですが，よく考えてみると，何かを覚えたり，受験などの目的のために使用したりする言葉として考えるのは不適切です。本来，知識とは人が生きていくための知恵や手段として必要な学びであり，その学びは誰かに強制されるものではなく，みずからが知りたいと思い，知った事

実への達成感が次への意欲へとつながるといえるでしょう。つまり、みずからが不思議と感じたことや、他者から得た知識から自分の興味や関心が芽生えてより深く、もっと知りたいと思うこころ、そして、究極は、自分自身への探求が知識であると考えられます。子どもにとって知ることは科学すること、科学することは学びを深めること、そして感性や好奇心や意欲が生まれ育つことではないかと思われます。乳児期には、科学の芽となる力をつけるための保育環境を整えることが大切であるといえるでしょう。

2．実践にみる乳児期の科学の芽と保育者の関わり

(1) 心地よい春の日差しの下で…保育者からの関わり

> 　春風が吹いてきました。10か月のUちゃんは、そおっとまぶたを閉じました。そして、そのあとにはからだ全体で心地よさを感じているかのように、春風に吸い込まれていくような表情を見せました。そして、先生はレンゲ畑にシートを敷いて、他の数人の子どもといっしょに腹ばいにして話しかけました。「キモチガイイネエ」と……。ゆったりとした時の流れの中で0歳の子どもたちは足をバタバタさせながら保育者に笑顔を向けていました。保育者はそこにあったレンゲの花でかんむりを創って子どもの頭の上にのせました。「アマイニオイガスルネー」って話しかけながら……。

　ここでは、何がみえるでしょうか。「キモチガイイネエ」「アマイニオイガスルネー」などと保育者は話しかけています。心地よさを感覚的に受け止めている10か月児は言葉ではまだ表現できません。そうした子どもの発達の状況からその感性を受け止めて、保育者が感じた春を伝えています。このような保育者側が子どもが話したい

けれども表現できない思いを受け止めての言葉かけは，のちに子どもが自分の思いを言語表現する基礎となることを，保育者は認識しておくことが大切です。ここに，教育的意図によって科学する芽の育ちが子どもに根づいていきます。

(2) ひこうきぐも　見ーつけた

　砂場で遊んでいた1歳児後半のM君は，急に空を見上げてその方向に手指をさしています。そして，さらに上を向いて手指を差し出したまま移動をしているのです。保育者は初め，M君の意図に気がつきませんでした。M君は，手指を空に差し出している合間に保育者に何かを話そうとしています。さらにまた歩き始めます。保育者はM君以外の砂場にいる子どもと会話をしています。M君は，砂場からさらに保育所フェンスがある端まで行きつきました。そのフェンスに寄りかかるようにして，上を見上げて指さしをしていると，フェンス付近にいた保育者がM君の動きに気がつき，「アッ，ヒコウキグモダネ」と話しかけました。「ン，ン」とうなずいてM君は納得したように，上にあげていた手をおろしました。保育者は子どもの目の高さに立って少し抱きかかえるように遠くに霞んでいく雲を見上げていました。

　子どもの目の高さに立って話しかける保育者の共感が子どもの心に心地よく響いたことで，M君の気持ちは豊かになったことでしょう。

(3) 夕日の美しさに見とれて…子どもからの関わり

　稲刈りが終わった田んぼで2歳児の男児1名と女児1名が遊んでいました。やがて2人は田んぼの土手に座り，じいっと夕焼けを見ていました。すると，男児はその夕焼けの色に吸い込まれるような

> 表情を見せると同時に，嬉しそうに「アッ，ピンチュイロダア（ピンク色だあ）」と感嘆したような叫びをしました。すると女児は「ピンチュイロ？　ピンチュイロジャアナイモン，ピンクノアレハユウヤケダモン」といいました。「ネッ」と女児は保育者に同意を求めてきました。保育者は困りました。

　保育者はなぜ困ったのでしょうか？　この夕焼けに対する２人の違いの１つに月齢差による発達の違いが考えられます。女児は５月生まれ，男児は11月生まれでした。２歳児にとってこの６か月の月齢差は大きいものがあります。男児は言語表現にも幼児語が残っています。そして，見たもの感じたものをそのまま話しています。一方で女児は夕焼けの色についてピンクの色を示すのではなく，夕焼けとはっきりいっているのです。保育者はこの２人の言葉を聞いて男児の感性に気持ちが温かになったと話しています。でも女児が話していることも的確です。保育者は「そうだね。ピンクイロの夕焼けが綺麗ね」と答えました。２人の子どもは納得して共感していました。

　ここでは保育者が子どもの育ちに科学する芽を大切にして，教育的な視野も忘れずに答えている姿勢がうかがえます。また，友だちと同じ夕焼けを見て共感できた快い瞬間は，２歳児の意識には残らないかもしれませんが，自然環境によって科学する芽が学びへと発展した瞬間であったのではないかと思われます。

X章 保育の隙間から子ども自身が学ぶこと

　前章では，子どもの気づきと保育者の共感により豊かな感性が育つ事例をあげました。本章では，「保育の隙間」に着目してみましょう。

　子どもはいつも保育者がいっしょでないと育たないということはありません。子どもはどこかで見守られている空気があれば，安心して自分から遊びを創り出すことができます。また，いつも自分の思いが通って楽しいことばかりでは，大人になった時にヒトとしての育ちにバランスが欠けてしまうかもしれません。

　ここでは，保育者が気づかなかった中での保育の展開について，「保育の隙間」ということにしましょう。以下は保育の隙間と子どものこころの葛藤についてエピソードから学びましょう。

1. こころの整理ができないままにおかたづけ

(1) トラブル場面と心の葛藤

　子どもはよくケンカをします。ケンカでも同年齢同士のケンカと異年齢のケンカでは，その展開が異なります。

　0歳児から2歳児までの子どもが在籍しているある乳児保育所での出来事です。

1．こころの整理ができないままにおかたづけ

　Ａ君とＢちゃんが，ミルクの缶でできた手づくりの太鼓をたたいて楽しそうに遊んでいました。そこへ，Ｃ君がやってきてＡ君の太鼓を横取りしてしまいました。それどころか，それまでＡ君とＢちゃんが楽しそうに遊んでいた段ボール箱でできたハウスからＡ君を無理やり追い出してしまったのです。ＢちゃんとＣ君は楽しそうに段ボールハウスの中で遊び始めました。そこで，怒ったＡ君はＣ君の髪の毛を引っ張って激しいケンカが始まりました。しかし，Ｃ君の方がはるかに強く，そこにそれまでいっしょに楽しく遊んでいたはずのＢちゃんまでがＣ君に加担したのですから，Ａ君はおもちゃも友だちも諦めざるを得ませんでした。しばらくその場に座り，泣いていたＡ君でしたが，すっくと立ち上がると，やっとお座りができるようになったばかりのＤ君に近づいて行きました。そして，Ｄ君がもっていたぬいぐるみを間髪入れずに持ち去りました。Ｄ君はＡ君がとった行動の事情がのみ込めないのか，泣きもせず，その場に座ったままでした。

　その後，Ａ君はぬいぐるみを抱えたままＥ君が２つもっていた木でできている小さなおもちゃをほしがりました。その小さなおもちゃはなかなか手にすることができませんでした。しかし，Ａ君とＥ君の姿を見た先生は，Ｅ君が見つけたおもちゃだから，Ａ君は同じ木でできているおもちゃが別の所にあるからそれを使おうと諭しています。しかし，一歩も譲ろうとしないＡ君の姿から，次はＥ君に１つ貸してあげようと説得する手段を変えます。時間をかけて説得し，Ａ君はＥ君から１つの汽車を手に入れることになりました。その汽車には，走らせるレールが付属についています。Ａ君が次にとった行動は，レール探しでした。

　いろいろな部屋を探し，やっと見つけたレールをもって，自分の居場所であるカーペットを見つけ，そこに座りました。そうした時，先生の声が聞こえました。「おかたづけの時間よー」と…。

> やっと見つけた遊びと居場所でしたが，先生がA君を見つけて，何事もなかったかのように手を引いて棚の前まで行き，先生がA君のもっていた汽車とレールを棚へのせました。
> その後，A君は保育者が誘導する遊びへと参加していきました。

　こうした一連のエピソードの終わりでは，なぜA君は最後に泣かなかったのでしょうか？

　A君は30分くらいの間に一度も楽しく遊ぶことはなかったと思われます。ここでは，A君はどのように気持ちで数分間を過ごしていたのか，子どもにとってこうした体験はどのような意味をもっているのか，A君の気持ちの他に保育者がA君の行動をどこまで捉えていたのかなど保育の質に関わる問いを示唆し，多くの学びがみえてきます。

(2) A君の発達を中心とした考察

　はじめにA君の発達の姿をみていきましょう。

　A君は1歳児クラスの子どもですが，生活年齢はすでに満2歳を過ぎています。この時期の子どもは，自分で何でもしてみたい，でも時々できない自分に気づき，そこに葛藤が生まれます。つまり，自立したいと思う自分と，依存したいという気持ちが共存する時期なのです。では，この事例にみる友だちとの関係ではどうでしょうか？　心地よく遊んでいたにもかかわらず，横やりが入り，玩具だけではなく仲よく遊んでいた友だちにも裏切られてしまったA君ですが，自分より小さな友だちのおもちゃを取ってしまったことでやりきれない気持ちが少しおさまったかのようにみえます。このような行為は，自我が芽生えてきたためであるといえますが，その行為をみていた友だちが周囲にいなかったため，慰めてもらったり，他のおもちゃをすぐに貸してもらえたりといった向社会的行動が関

係性の中にみられなかったといえるでしょう。

　向社会的行動とは，泣いている友だちの頭をなでて慰めたり，玩具を貸してあげたり，他者との関係性の中で，他者が快いと思える行動を意味します。濱口によるとラインゴールドの研究（Rheingold, 1982）では，18か月の子どもの事例として90～100％の子どもに向社会的行動がみられるとしています（濱口，2012）。

　このエピソードの流れでは，子どもの中での向社会的行動はみられませんでしたが，保育者との関係ではA君に関わる機会が2回ありました。ここにA君が気持ちを立て直すきっかけがあったのではないかと思われます。A君の行動のすべてを保育者がみていたわけではありませんが，保育園の生活の流れの中で登園後は自由に好きな友だちと，好きな玩具を選んで遊び，その次には保育者の言葉かけによってかたづけの時間があるといった保育所の生活リズムを見通しをもって身につけていたことも大きな要因であったのではないかと思われます。

(3) 子どもが思いをめぐらす保育空間

　保育者が環境としては存在するけれど，実際に子どもに関わっていない時の保育を，仮に「思いをめぐらす保育」と呼ぶことにしましょう。

　A君が体験したすべてを保育者がみていたわけではありません。このように保育実践の中には保育者が知り得ない子どもの姿があります。それは，子どもが思いをめぐらす大切な時であると考えます。

　子どもが思いをめぐらし，子ども自らがその思いを伝えようとする時の空間が，思考や言語を生み出す原動力になるのではないかと思われます。もう一歩踏み込んで考えるならば，そうした思いを伝えようとする原動力は，多くの体験をくぐり想像力を育むことによっていっそう豊かなものとなることでしょう。つまり，保育者に

は日常の子どもの行動の特性を知っている場合でも，いつも真正面から向き合うばかりではなく，時には影で支える姿勢が必要なのです。

　A君が主人公の事例では，保育者が知らなかった数々のエピソードがありました。このエピソードこそ，2歳児として自立と葛藤をくり返しながらそうした体験を通して育ちゆく人格の基礎が築かれていくものだと思われます。

2．先生，ぼくを見ていてね――大切な保育の隙間

(1) 友だちのパンツの模様が大好きで腹巻のように数枚重ねて

　お散歩の前に保育者の「オサンポニイクカラオテアライニイッテネー」の声に一斉にお手洗いへ向かう1歳児クラスの子どもたち。リーダーの保育者がお手洗いの中で待ち受けています。サブリーダーの保育者はお手洗いのドアの所で，戻ってきた子どもたちのパンツを履きやすいようにそろえています。F君がトイレから出てきて，保育者が揃えた数枚のパンツの間を行ったり来たりしており，やがて一枚のパンツを手に取り履き始めました。といっても右足を入れるところに両足を入れています。大きなだぶだぶのTシャツを着ているF君がパンツの右足を入れる場所に両足を入れたため，腹巻をつけているようになっています。しかし，担当の保育者はそのことに気づいていません。本人は着心地が悪いせいかTシャツの上からおなかの周りをさかんにさわっています。次には，またパンツが並んでいるところを行ったり来たりしています。またまたパンツを一枚手に取って履き始めました。次も腹巻のようになっています。さらに着心地が悪そうにおなか周りをさわっていましたが，だんだんとイライラした様子がみられました。すると，また保育者

の声が聞こえてきました。「Fちゃんパンツはこうね」とF君に自分のパンツを履くように促しています。この時，保育者はF君の腹巻パンツには気づいていません。

(2) 葛藤は頂点に達してこころの整理がつかないままに

　腹巻パンツは3枚になりました。ますますイライラしている様子があります。そうしながら積み木で遊び始めると，友だちがそばにやってきました。ついにイライラが爆発して，何もしていないただそばに来ただけの友だちを突き飛ばしてしまいした。そこに保育者がやってきてF君を説得して謝るように話しています。そのあと保育者がやっと気づきました。自分のパンツが見当たらない友だちが3人もいたのです。おそらくF君は気に入った絵柄の友だちのものを履いていたと思われます。その後F君は自分のパンツだけを履いて散歩に出かけました。

(3) 保育の隙間と子どものこころ

　保育の場では，日々の生活の中で保育者が気づかないこともたくさんあります。保育の隙間があってこそ，子どもはそこをくぐって自分の居場所を獲得していくこともあります。

　もちろん，保育者は保育の専門職として，一人ひとりの子どもの行動や言葉からこころの動きを知っておく必要はあるでしょう。幼ければ幼いほどに，言語表現よりも，泣く，地団太を踏む，指さしで教えるなど情動的な行動で自分の気持ちを示してくれます。そうした表現をする子どもについては，保育者は気づきやすいですが，F君の事例では，自分のやりたい遊びがたくさんあってそこに気持ちが向いているけれど，3枚のパンツを腹巻のように着けているために遊びに没頭できない自分がいて，そこでイライラが募ったようです。ここにも2歳児の特徴がみられます。2歳児は，自分の力で

何かを達成したい思いはあるけれど，そこに幼さからくるできない自分が存在します。そうしたい自分とできない自分との間においても葛藤があるのです。
　自分から表現できる子どもとそうでない子どもによって対応は異なります。しかし，子どもだけのだれにも知られることがない遊びと葛藤の世界は，子どもの葛藤が喜びに変化する達成感を自分自身の力で解決できた喜びにもつながります。
　保育園での生活は，子どもにとって長時間になりますので，子どもの姿に目を向けながら，少しの保育の隙間が必要です。
　2歳児の発達をベースに子どもの発達する姿や力を信じて見守りながら，保育者の専門性と保育の隙間について考えながら保育を進めていくことが望ましいでしょう。

XI章 幼稚園と保育所（園）の保育者間における保育観の相違

　本章では保育施設における教育観と保育観，子どもをめぐる環境，そして家庭における教育観・保育観について考えてみたいと思います。

　2016（平成28）年4月1日現在の認定こども園数は4,001か所となり，その内訳は，幼保連携型2,785か所，幼稚園型682か所，保育所型474か所，地方裁量型60か所（平成28年6月6日内閣府子ども・子育て本部調べ）となっています。

　特に幼稚園から認定こども園へと移行した施設の中でも，乳児保育を実施している施設の乳児保育への関心と不安は大きなものが伺えます。

　筆者らは2010年9月から2011年2月に幼稚園・保育所（園）の保育者に幼保一体化に関するアンケート調査を実施しました（大橋ら，2013，配布数490，回収467，回収率95％）。分析対象者は幼稚園の保育者177名，保育所の保育者261名の合計438名です。フェイスシート15項目のうち，1項目「自由記述による保育所と幼稚園の相互間イメージについて」について分析した結果，保育観・教育観の違いがみられました。

　ここでは，幼稚園と保育所の保育者の相互のイメージに関する実態調査からその一部を紹介しながら，保育所と幼稚園の保育者における保育観や教育観について幼保一体化への課題をみていきましょ

XI章　幼稚園と保育所（園）の保育者間における保育観の相違

う。そのことが，やがて相互理解につながると考えています。

　保育観・教育観の基盤となる考え方について，フェイスシートにおいて自由記述の内容をキーワード化したカテゴリーが以下の8項目です（表XI-1）。幼稚園と保育所の保育者の人数が変則的であったため，カテゴリーは幼稚園，保育所ごとに割合を算出し，パーセントで示しています（図XI-1，XI-2）。

表XI-1　カテゴリーの項目と内容

カテゴリー	内　　　容
(1) 保育・生活について	幼稚園保育所（園）における生活全般および保育内容・方法等
(2) 制度・機能・役割	法的な幼保の制度や機能，役割等
(3) 保護者	親・母親・保護者に関すること
(4) システム	幼保の保育内容や運営に関する特徴的なこと
(5) 子どもについて	子どもの発達や内面等に関すること
(6) 雰囲気	「〜の感じ」のような感覚的・情緒的な表現
(7) 施設・設備	施設・設備に関すること
(8) 課題	すべてのカテゴリーに関する課題

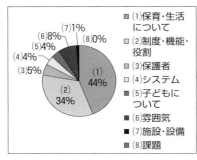

図XI-1　保育所（園）からみた幼稚園のイメージ

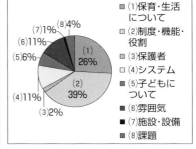

図XI-2　幼稚園からみた保育所（園）のイメージ

1. 保育所の保育者からみた幼稚園のイメージ

　保育全般や幼稚園での生活に関するイメージは，「就学への準備期」「教育中心の保育」「一斉保育」などについて44％の保育者が答えており，制度に関することや幼稚園の機能・役割では，「子どもの人数が少ない」「小学校との連携が密である」「地域によっては守られ大切にされる」「教育的なイメージ（文部省管轄だから）」「就学前教育」など34％の保育者が答えています。保育内容や運営では，「保育者数が少ない」「担任の負担が大きい」「午前中で子ども達が帰るが保育者は遅くまで残って仕事がある」「子どもが一斉に帰る」など4％の保育者が答えていました。

　子どもの発達や内面に関することでは「子どもが安定している」「子どもが落ち着いている」「お行儀がよい」などがあり，施設や設備面では「園庭が広く開放的」「綺麗」「バス通園」「きれいで整理されている」保護者へのイメージでは，「教育熱心」「保護者にゆとりがある」「親が専業主婦やパートである」などでした。

　他にも「保育時間は短いがゆったりと生活している」「早く降園する為，保育所に比べ園にいる時間が短いので午前中が詰まっていそう」などとした記述もみられました。

2. 幼稚園の保育者からみた保育所のイメージ

　保育全般や生活などに関するイメージは「養護の力が強い場」「基本的な生活習慣を中心とする学びの場」「基本的生活習慣の確立」などが26％，制度や保育所の機能，社会的役割では「保育に欠ける乳幼児の預かり保育する所」「福祉的」「生活を助ける」「親に代わって子どもを育てる」「赤ちゃん（を保育するイメージ）」と39％の保育者が答えています。

XI章　幼稚園と保育所（園）の保育者間における保育観の相違

　　保育所の保育内容や運営では,「職員数が多く充実している」「養護や食に関する設備が整っている」「自分のクラスの仕事に専念しやすい」「勤務時間が守られ休暇も取りやすそう」など，11％の保育者が答えています。
　　また，「少し心が満たされない子どももいる」「子ども達が身の回りのことを自分でできるのが早い」「自立している」「たくましい子どもが多い」「偏食が少ない」などの子どもの内面や発達に関する記述が6％ありました。
　　保護者へのイメージは,「親の気持ちにゆとりが少ない」「預けているので子育てが楽」「保護者が共働きの人が多い」「両親共働きのため，親との関わりが少ないかも」「さまざまな家庭の子がいるので保護者同士のつきあいはむずかしい」など5％の人が述べています。
　　他には，「子どものしつけができにくい」「トイレなどの生活面を重視しているため，心の教育ができないことが多い」「いろんなおもちゃがある」「園庭が狭い」などの記述がある一方で，「のんびり温かい」「社交的」「家庭的な雰囲気」とした記述がありました。

3．幼稚園と保育所の保育者の相互間イメージ

　　幼稚園と保育所の保育者の相互間イメージは総体的にみると，「制度や保育内容との関連」では，幼稚園は就学前教育の場であり，保育時間が短い，子どもの姿からは子どもが落ち着いている，「保護者の立場」では母親が専業主婦かパート職であるためゆとりがある，教育熱心である，幼稚園の設備ではきれいで庭が広い。また，「働く立場」の保育者のイメージとしては，幼稚園の子どもは早い時間に降所するが，保育者は多忙であるとしたイメージがあるようです。

一方，保育所は「制度や保育内容との関連」では，生活や養護が中心であり，保育に欠ける乳幼児を保育する福祉の場，「子どもの姿」からは，自立している，たくましい子どもが多いとしながらも，こころが満たされていない子どもがいるのではないかといった見方もあり，両親ともに働いているのでゆとりがないなどのイメージがある中で，保育者の仕事は勤務時間が決まっており休暇が取りやすそうとするイメージがあるようです。

こうしてみると，それぞれの立場で，現実とは異なる見方が存在しているようにも思えます。

特に，幼稚園は教育の場，保育所は生活と養護の場としたイメージがあるように感じられます。ここに，乳幼児期の教育とは何か，養護とは何か，生活とは何かということについて明らかにする必要があります。

XII章 真の教育の豊かさとは

1. 教育が生んだ教育のつけ

　教育の豊かさとは、何をさしていうのでしょうか。そもそも教育とは何かといった問いに対する具体的な答えはさまざまです。

　しかし、近年の家庭教育では、狭義の解釈のもとに、「できた」「できない」に一喜一憂していることも多いのではないでしょうか。教育の豊かさとは何かということを今の時代に、しっかりとふり返り、これからの日本の教育について考えておくことが大切ではないかと考えます。

　たとえば、電車やバスなどの公共機関の中で、大声で話したり大騒ぎをしたりしている人を見かけることがありますが、この人たちは、どのような教育を受けてきたのだろうかと疑問に思うことがあります。こうした状況に対して、本人たちが楽しければよいと考える読者もいるかもしれません。しかし、そうでしょうか。公共機関の中では、体の調子が悪い人もいるかもしれません。できるだけ私語は小さく他人に迷惑をかけない、気遣いを忘れない、などといった思いやりややさしさはどこへ行ってしまったのでしょうか。また、短絡的で自己都合的な理由での殺害事件などを耳にするにつけ、命の尊さはどのように伝え続けたらよいのか考えてしまいます。日本の教育は平和と豊かさと引き換えに、人間としての内的な豊かさを

失ってしまったのでしょうか。

　一人ひとりが豊かな人格を備えて思いやりをもって豊かに人生を過ごすための真の教育を見据えたのではなく，目先の競争意識や楽しみにこころを奪われた教育が生んだ「つけ」が今の社会に反映されてしまっているのではないでしょうか。

2．真の教育とは子どもの発達とこころを受け止めて自己肯定感が育まれること

　デンマークでは，公的には就学前の保育は，幼保一体化としての総合保育園が位置づけられています。日本とは文化も異なることから，比較することは困難かもしれませんが，乳幼児期の保育の質を考えた時に，学びがあるのではないかと考えます。特に，教育の基本方針や保育者の子どもへの関わり方については，日本の子どもを巡る今日的課題であるいじめへの要因と解決策や，子どもの自己肯定感の育ちを考える上でも，大切な要素が含まれています。

　デンマークの保育で大切にされていることとして，自己尊重感があげられます。日本では自己肯定感という言葉が耳馴れていますが，微妙にその意味は異なるようです。

　ただ，ここで述べる自己尊重感は日本の子どもたちの自己肯定感を育てる上で，大いに参考にできる内容です。

(1)　デンマークの保育の特徴と自己尊重感

　デンマークの保育は，2004年にソーシャルサービス法に基づいて社会省の指針によって出されています。社会省とは，乳幼児の保育を含む福祉関係や社会問題などを所轄する省です。2014年より所轄部門の名称が変更となり「子ども・男女の平等，インテグレーション社会的リレーションシップ省」とされています。保育に関する指

針(学びのプラン)の内容は2004年と変更はありません。

その中で、大切にされていることは、子どもの自己尊重感を育てることと個の確立です。

自己尊重感とは、「自信とは異なり、人が自分を見失うことなくそのままの自分を肯定しながらしっかりと生きていく力」と定義し、そうした人格を育てる上で「認めの保育」が大切にされています。

学びのプランとテーマ、目標は以下の通りですが、これだけでは、デンマークの保育の特徴は理解できません。

学びのプランのテーマと6つの目標(2003年8月26日　告示ソーシャルサービス法8条)
(1) 子どもの全面的な人間形成と個の確立
(2) 人間関係と社会能力
(3) 言葉
(4) 身体と動き
(5) 自然と自然現象
(6) 文化的表現の方法と価値

デンマークにおいて長年保育実践を担ってこられた大野睦子ビャーソゥーさんはご自身の経験から、認めの保育について以下のように解説しています(下線は筆者による)。ここでは、自己尊重感を中心に(1)子どもの全面的な人間形成と個の確立、(2)人間関係と社会能力について紹介します。

---
(1) 子どもの全面的な人間形成と個の確立
・他の子どもや大人たちのとの間での<u>関わり合いや衝突を理解し分析する</u>ことを学ぶ。
・自分の社会的な地位や、本来の姿を傷つけることなく、共同生活に参加したいかしたくないかを<u>表現できる</u>こと。
・反対や同意、不満、競争や愛情の経験をし、それについて考えることができること。
・成長しながら<u>足跡を残す一人の人</u>として認められること。
(2) 人間関係と社会能力
・子どもはその本来の姿を認められ尊重され、その周りの社会に所属しているという経験をすること。
・子どもが必要とすることは、遊ぶこと、協力し合い一緒に<u>問題を解決する</u>こと。

2．真の教育とは子どもの発達とこころを受け止めて自己肯定感が育まれること

> ・自分ができること，できないこと，したいこと，したくないこと，受け入れられること受け入れられないことなど，<u>自分の本来の姿を失わないために，自分の境界線を引き，相手がどこまでその線を越えられるか，越えてよいかを示すこと</u>。

　学びのプランについての説明では，個が大切にされていることや自己尊重感が大切にされることが理解できます。特に下線部分では「何かトラブルや問題解決が必要な時には，その要因を理解してさらに分析や表現ができること，自分を見失うことなく相手との関係を結ぶこと，また，一人の人として社会の中で足跡を残して認められていくこと」という，デンマークの保育の特徴が示されています。

　さらに，大野睦子ビャーソゥーさんは，子どもを評価する時には，過去と現在を比較して，未来につなげることが大切と述べています。人との比較ではなく自分が意欲的に取り組むことへ向かうため，自分らしく生きていくための評価につなげることが大切であるとしています。

　実践の場では，次のような取り組みがみられました。

　オレロップ子ども園は，オレロップ体育アカデミーと隣り合わせに施設があり，体育学校とも交流があります。体育学校の校庭でのびのび遊んだり，雨の日は体育館にある大人のトランポリンで遊んだりしています。大人用のトランポリンは遊びたい子どもが自分なりに跳んでいるうちに，少し技術を伴った大胆な遊び方ができるようになります。3歳を迎えたばかりの女児が，他の子どものトランポリン遊びを眺めていました。保育者がその遊びに誘っても首を縦には振りませんでしたが，しばらくして自分からトランポリンの上に立とうとした時に，保育者がそばに来て手を取りました。すると嬉しそうにその子どもは少しずつ跳び始めました。少しずつ自信がわいてきたようで，保育者と離れてからも1人で挑戦していきました。

　この子どもに関わる保育者の援助のタイミングは，この子どもが

やる気を出そうとした瞬間を捉えた素晴らしいものでした。

　こうした保育は，3歳児の発達を内的に受け止めての教育的指導をしていたといえます。教育の質とは，子どもの内的な発達と心の動きを把握できるかできないかで変わってきます。特に年齢が低い乳幼児ほど，教育に発達的根拠が必要であるといえるでしょう。

(2)　生活場面で育まれる自己尊重感

　デンマークの多くの保育園では，朝食のサービスをしています。

　筆者が見学した総合保育園では，子どもたちは登園前に自宅で食べてきた子ども，そうでない子ども，食べてきたけれどお腹がすいている子どもなどさまざまですが，食べる，食べないは子ども自身が決めます。そのため，朝食はテーブルに着く子ども以外は自分の遊びを横で楽しんでいます。

　おやつと昼食の時間は全員がテーブルについて食べていました。ただ，食べたくない，食べたいといったことは基本的に子どもの意思を尊重しています。

　このように子どもの意思を尊重する保育がなぜできるのか，その理由ですが，食事やおやつだけを例にとれば，1クラスの子どもの人数が少ないことと合わせて，食事の内容は，主たる献立の範囲が日本のようにていねいな料理ではないように感じました。もちろん，日本の保育園もさまざまですが，パン，フルーツ，チーズ，他に一品スープ類かビーフ料理などの献立が多かったように感じています。配膳は子どもと会話しながら保育者が取り分けたり，おかわりを盛りつけたりしています。保育室へ料理をもってくる前のキッチンでの料理は，多くの保育園ではオープンキッチンですが，子どもの数が多い保育園では日本の保育園と同じように調理室で調理しているところもあります。

　以下の事例は，子どもが保育者とともに包丁を使ってリンゴを縦

2．真の教育とは子どもの発達とこころを受け止めて自己肯定感が育まれること

に４等分しておやつの準備をしている時の会話の一部です（以下，保育者は「保」子どもは「Ａ」「Ｂ」と示しています。２名の子どもはともに４歳児の女児）。

> Ａ：ワタシ，ユビキッチャッタア
> 保：（切った指は）どこだあ，レーズンをお皿の上においてくれないか
> Ｂ：ワタシモユビキッチャッター
> 保：気をつけるんだよ
> Ｂ：マエ，キッタトキハスゴクイタカッタワー
> Ａ：ワタシハ（リンゴ切り）オワッタワー，タベタイ
> 保：そんなことしないでしょ
> Ａ：ハーイ，（切っていないリンゴが）モウヒトツ，オワリニシタイワー，コレモタベテイイ？
> 保：いやー，そんなことしないだろ
> Ａ：ミテー，キッタッワヨー
> 保：おー（リンゴを）切ったのー？
>
> （大橋，2016より一部抜粋）

　子どもは，指を切った経験を話しながら，何度も包丁を滑らせながらリンゴを切っていましたが，保育者も特に気にする様子はありません。また，１人の子どもは，包丁で切る角度の調整ができないために，リンゴを等分に切れません。リンゴを斜めに小さく切ってしまうと口に入れ，それを何回もくり返すうちに，結果としてリンゴをまるごと１個食べてしまったのです。

　保育者は「ダメだよー」と言いながら容認していました。指を切った（少しキズとなった程度）ことについては，親も子も自分の責任と捉えている習慣があります。

多くの保育園では，園庭にリンゴの木があり，地面に落ちたリンゴを拾って食べている子どももいます。

　園長先生は，そうした保育については，デンマークでは一般的なことであり，自然の中で病原菌に対する抵抗力をつけて自分で考える力を育てるための，まったくふつうの出来事と話してくれました。

　そのようにしながら，自分で考え自分で判断する心の育ちが自立や自己尊重感に向かうと考えているようです。

3．子どもの命とこころの育ちが守られる豊かな教育環境

　総合保育園の保育環境は，園庭が広く樹木に囲まれて果実の木が植えてあるのが標準的な保育園の環境のようです。こうした保育環境でゆったりと過ごせる空気は，子どもの自己尊重感をゆっくりと育むことになるでしょう。

　園庭で日本と違うのは，園庭にグラウンドがないことです。広いアップダウンが配慮された庭があります。グラウンドで展開される遊びにも遊びの根源であるおもしろさがありますが，アップダウンは子どもの身体の調整力を育み身体の基礎能力を育てるという教育

図XII-1　木登りのできる園庭

図XII-2　ごっこ遊びのできるミニハウス

の質が存在していることになるでしょう。

　その背景には，ただゆったりといっただけではなく，保育者，子ども，保護者などがきまりを守って互いを思いやる上での，規律を守る環境が整えられています。

　パピロン総合保育園では，デンマークの多くの保育園がそうであるように，保護者へのガイドを大切にしています。そこでは，一人ひとりの子どもの成育歴，送迎の時間や送迎する人，病気や休暇でのお休みに関する連絡などを保育園のホームページに書きこみ，パスワードと共にログインすることで保育者は情報を共有できるようになっています。また，一部の保護者間でのやりとりでは，降園後に一緒に遊んでいいのかなどの約束などにも利用できるようなシステムとしてのアドレスリストがあります。

　また，すべての子どもが一斉に園庭で遊ぶ時の保育者の申し合わせ事項「あそびの規則」として，具体的に書いた申し合わせ事項が壁に貼ってありました。

　デンマークの保育園は6か所訪問しましたが，どこの保育園にも園庭での遊び道具の一つとなっているのが，牛乳ケースです。ミルク箱は一本ずつ入れる箱ではなく，1つのケースに1ダースくらいは入るプラスチック製の頑丈なものです。そのため積み木のように積み上げても楽しく遊ぶことができます。

　「あそびの規則」は，乳児と幼児が一緒に遊ぶ時間帯について，乳児にとって危険だと思われる遊びを規則としてまとめたものです。

　「あそびの規則」は，保育者にとっての申し合わせ事項として活用されていますが，それだけではなく，幼児期の子どもへの約束としても大切なことと考えられています。自己尊重感を大切にしながら，人に迷惑をかけることや危険なことへとつながる事柄については，子どもの命に責任をもつといった点で徹底した考え方を伺うことができます。

> あそびの規則
> ○ミルクの箱はおもちゃだが，ミルク箱は子どもがブランコに乗る場所にはおかない。また，ミルク箱は，特別に子どもが転んでもけがをしないように積み重ねないこと
> ○小さい鉄棒のようなものがある場所の向こう側にはミルク箱はおかない
> ○ミルク箱は2つ以上重ねてはいけない
> ○乳児部の三輪車は12時から14時の間だけ使うこと
> 　（3歳から5歳の子どもたちは12時から14時までしか三輪車や自転車には乗ることができない）
> ○まきは必ず全部まきの収納庫にぜんぶ置くこと
> ○自転車や三輪車が置いてある小屋の扉は乳児部の子どもたちが寝ている時には閉めておくこと
> ○乳児部の子どもは幼児と同じ時間に三輪車に乗るのは危険なので午前中に乗ること
> ○乳児部の保育士は必ず一人は遊び場にいること
> ○外が暑い日は，必ず一人の保育士が室内にいることを心がける（意識しておくこと）

4．真の教育の豊かさ——自己肯定感を育む

　ここでは，教育の先駆者である倉橋惣三と，発達と教育の最近接領域が子どもの発達を促すとしたヴィゴツキーの考えから考察をしてみましょう。倉橋惣三は研究者であると同時に幼児教育の実践者でもありました。また，ヴィゴツキーは自分の理論を実践によって実証するには至らなかったようですが，それでも，今日まで多くの幼児教育の関係者に支持されてきました。

　倉橋惣三は，『育ての心』（1936）の序において，以下のように述べています。

　　自ら育つものを育たせようとする心。それが育ての心である。…（中略）…。育ての心。そこには何の強要もない。無理もない。育つものの偉きな力を信頼し，敬重して，その発達の途に遵うて発達を遂げしめようとする。役目でもなく，義務でもなく，誰の

4．真の教育の豊かさ―自己肯定感を育む

心にも動く真情である。

　倉橋は，育ての心において，子どもは子ども自身が真っすぐに伸びる力をもっており，そこを信頼して，じっくりと見守っていることが育ての心であり，育とうとする発達の力と，育てられる教育的な関係においては，子どものこころも大人のこころも放たれたものであるといいたかったのではないでしょうか。そして，そうした気持ちは，だれでもがもち合わせていると断言しています。
　一方，ヴィゴツキーは，子どもの発達にとって想像遊びが重要であると考えていました。想像とは経験の上に成り立つもので，経験が豊かであればあるほど想像性が豊かになり，想像性の豊かさは知的発達にとっても重要であると考えられてきました。ヴィゴツキーが提唱した最も著名な発達・教育理論では，発達の最近接領域があげられます。つまり，子どもは自分自身の力で育つことと合わせて，周囲の仲間であるとか，大人の力を借りて，そこに教育が存在して育っていくという考え方です。
　こうした先駆者の理論からも，子どもはみずから発達しようとする力をもって生まれてくることがうかがえます。保育者はそうした子どもの発達を見通して，遊びを想像し，創造につなげて遊びが発展できるよう援助することが求められます。そこに自己肯定感が育まれる大切な教育的意味が含まれているのではないでしょうか。
　また，自己肯定感が育つ背景には，養育者との愛着関係と信頼が，心の育ちにとって大切であることはいうまでもありません。
　ここで誤解してはならないのは，基本的信頼は養育者，特に母親との関係だけで生まれるといった考え方をしている人がいるということです。もちろん子どもと保護者の間の愛着関係と信頼は，子どもが育つ上で情緒を安定させ，人のこころの根幹となる部分が育つ要素ではあります。しかし，保育者もその役割を担っているのです。

XII章　真の教育の豊かさとは

　3歳児神話のように，子育てのすべての責任が母親に存在するということではなく，子育ての責任は家庭での養育者にありながらも，子どもが乳児期から社会の中で多くの人とふれあうことで，自分らしさを築くための自分探しができるようになるような人格形成の基礎を育てる役割があるのです。

　佐々木（2003）がワロンの言葉を引用して述べているように，自己洞察できる内的な力の育ちとともに，その育ちは客観性をもって自分を見つめ，自分を評価して仲間や家族，周囲の人たちとの信頼関係が育っていくのです。

　そうした育ちは，乳児期から始まっています。

　自己肯定感をもって日々の生活の中で遊びを展開させ，想像性の育ちと共に想像力が発揮されるわけですが，その背景には他者との基本的信頼関係が育まれていることが大切であると述べてきました。

　乳児期における遊びを通しての豊かな経験，豊かな教育はその質によって，より望ましい人格を形成していくことでしょう。その営みは，計り知れない膨大な幅と意味の深さがあります。しかし，その計り知れない奥深さに，人類の永久的永続的な課題があり真の教育について問い続けるおもしろさが存在するのではないでしょうか。

付録

付録1．実践につなぐ年間指導計画と月間指導計画
付録2．デンマークの保育にみるデイリープログラムと週案

付録1. 実践につなぐ年間指導計画と月間指導計画

　最初に指導計画を立てる基本について，本書でこれまで述べてきたことについて整理してみましょう。

　保育者は乳児期から子どもの興味関心を引き出し，子ども自身が意欲をもって主体的に動くための働きかけや環境を創っていくことが求められます。保育者は，遊びが好きな子どもには，何が育つのかについて，日頃から考え，みずからの保育をふり返りながら子どもと共に新しい保育を創造できる気持ちを大切にしましょう。その上に立って作成した保育課程や保育指導計画は，専門性を備えた質の高い保育実践へとつながるのです。

1. 0歳児・1歳児・2歳児の保育目標

　一人ひとりの個人差や発達に目を向けて，ゆったりと過ごせる環境づくりが大切です。0歳児クラスは，月齢差が1か月違うだけで，発達が異なると同時に保育の内容も変わってきます。発達についてはV章を参照してください。

(1) 保育目標は年間の柱

　指導計画を立案する時には，1年間のクラスの目標を明らかにしておく必要があります。一番大切であると思われることは，どのような子どもに育てたいのかを明らかにすることです。

　日本では，実践に向けて保育所保育指針をベースとした各施設における保育目標，保育課程，教育保育要領をベースとした教育・保育目標と教育・保育課程が作成されています。そして，保育内容では5領域を中心に作成されているわけですが，その根幹となる保育や教育の目標は

「仲良く遊べる子」「明るい子」と，道徳性に満ち溢れています。日本人としてのこれまでの遺産や文化の継承として，大切なことです。しかし，少し立ち止まって考えると，少し不足している点に気づかされます。

　保育目標の中に，子どもが人として将来に向けてどのような人に育ってほしいかについて再考する必要がありそうです。

　これは子どもの成長に関わる保育の問題だけではありません。日本人は人への気遣いや思いやりについて，幼い時からしつけとして教えられる慣習が残っています。

　子ども自身が自分の意志をはっきりと示しながら，柔軟な態度をもって自分らしさを築いていく自己肯定感の育ちについて目を向ける必要がありそうです。

(2) 環境の変化とプロとしての保育者

　子どものあそび環境と遊びの質の変化です。それらは，大人が築き上げてきた遺産でもあるのです。ですから，子育てのプロである保育者では，その辺りをしっかり考えて子どもが育つ保育の方法や保育環境について考えていかなければなりません。

　現代の子どもたちは２歳児頃になると巧みにスマートフォンなどを操作する子どももいます。

　０歳児，１歳児，２歳児などの年齢において，子どもの心を育てる根幹は具体的に示されなければなりません。

　子どもが選択して遊べる自由度が高いとされているコーナー遊びは，日々検討されているのでしょうか？

　保育の場において，英語教室や体育教室の実施により保育観があいまいになっていることはないでしょうか。一度考えてみましょう。また，日々の保育の展開が子どもの気持ちよりも保育者主導になっていないでしょうか？　子どもがやりたいと思う気持ちを理解しての保育実践の出発がそこにみえているでしょうか？

　図１は自己肯定感を中心とした保育内容環境を示したものです。この点についてももう一度考えてみましょう。

図1　自尊感情を育てる保育の環境（大橋，2016）

2．異年齢集団の構成

(1) 乳児と幼児が共に過ごす

　少子化が進んでいる近年において，乳児期の子どもにとっても幼児期の子どもとふれ合うことは大切です。

　ただ，0歳児は清潔安全な環境に置くことも保育目標や保育内容で大切にしたいことです。そのため，時間配分に配慮しましょう。

　0歳児が異年齢の幼児とともに遊ぶのは，首が座って移動ができるようになる7か月以降の子どもを対象としましょう。お天気のよい日は園庭で遊んだり，散歩に同行したりするのもよいでしょう。時間は30分から45分くらいでしょうか。1歳児は1時間程度，2歳児は1時間くらい一緒に遊んだ後は食事をともにするのもよいでしょう。いずれも無理のない程度に1か月2〜3回程度での実施が望ましいかもしれません。

　保育目標や保育計画指導案は年齢や月齢の他に，異年齢で過ごす数日の案を立てていきましょう。

付録1．実践につなぐ年間指導計画と月間指導計画

(2) 混合保育

　保育園児の定員や実際に乳児の人数が少ないとか，さまざまな理由で0歳児1歳児2歳児が毎日同じ保育室で過ごすことがあります。こうした場合は，それぞれの年齢や月齢の目標と合わせて，異年齢のよさを引き出すための保育目標を立てるようにしましょう。そしてこれらの保育目標は，保育課程に組みこみ，保育計画指導案に生かしていきましょう。

3．保育指導計画立案の基本

(1) 日々の子どもの姿をしっかり観察してその変化に気づく

　子どもの発達の道筋を知っておくことはとても大切なことですが，一方では一人ひとりの子どもの個性や体調，心の変化をキャッチして，年間指導計画では前年度であり，月間指導計画では前月の子どもの様子と集団全体の様子を観察して記録として残しておきます。記録で残しておくと子どもの変化が時系列をもって理解でき，課題を明らかにする中でその対応や方策を考えて次への計画を立てることができるのです。

　特に乳児期の子どもの健康状態はしっかりと把握しておく必要があります。乳児は熱が高くてもどこがどのようにつらいのかを言葉では伝えてくれません。泣く，フウフウと息切れがしているなど，その表情そのものが言葉として語っていると考えて下さい。高熱が出ると泣く子どももいますが，元気がなくなって泣き声さえも弱々しく小さくなったり，活発に身体を動かなかったりという姿が見られたりもします。また，微熱が長続きすることも危険な状態である場合があります。ある保育園児ですが，風邪が治らない微熱の症状が続いた2人の子どもは時期が異なっていましたが，2人ともぶどう状球菌の肺炎で緊急入院し，その後回復しましたが，当初は予断を許さない状態でした。

　保育者は親よりも子どもに接している時間が長い場合があります。肺炎の子どもは保育者の経験によって救われた例でした。まずしっかりと

健康状態を把握して楽しい保育につなげることが大切です。

また，熱はないけれど，いつもと違う，いつもより元気がないといった子どもは身体が発信している何かがあるはずですので，ていねいな観察と援助とその状態にふさわしい環境を整えて保育者も役割を分担して子どもに対応していくことが必要です。

以上のことを含めて，子どもの好きな遊びとその変化を観察することにより，子どもや集団の実態に合った次の計画が作成されるようになります。生活面ではその変化を観察することで養護のあり方が変わってきます。親が求めていること，心配していること，家での子どもの様子や変化も捉えながら，計画の基盤をつくるようにしましょう。

(2) 子どもが大好きな遊びを把握する

乳児は日々の生活において自然にふれる機会が多いと自然が大好きになります。また，音には敏感なのできれいな澄んだ音は好きなようです。4～5か月になると，ベッドで寝ながら見えるメリーゴーランドに目を輝かせながら音に聞き入る姿が見られることもあります。乳児は赤，黄色，緑などの原色を好むといわれていますが，やさしい言葉や音に反応することも多いようです。ガラガラなどの握り玩具でも音が出るおもちゃを好んでいます。

身体を使った遊びで，歩行に関心をもつようになると，手押し車などが好きになります。これも押して歩いては止まって音が出る箇所を押して音を出し，また遊びをくり返し続ける姿がみられます。

できれば木製の柔らかい感触の玩具を置くようにしましょう。また，手作りを大切にしている園もあります。ある保育園では，幼児が草木染で染めた布で布人形や人形の服を保育者が制作しています。毎日の遊びは幼い子どもにとって学びの日々です。保育者の手作り玩具はきっと大好きな遊び玩具の1つになるのではないでしょうか。

2歳頃の子どもは並行遊びがほとんどですが，保育者が間に入ることで，ごっこ遊びが言葉を挟んで発展していきます。こうした遊びが大好きな時はそうした子どもの姿から保育指導計画を立てるとよいでしょう。

子どもの好きな遊びから保育指導計画を立てることは子どもの意欲や関心をより深めていくことになります。保育者は子どもの姿からふさわしいと思える遊びを系統的にアクティブに捉えていくとよいでしょう。

それを次の保育指導計画に生かしていくようにしましょう。

4．PDCA サイクルを立案に生かす

保育の計画を立てる時には，Plan（計画），Do（実行），Check（省察），Action（行動）のサイクルを心がけておく必要があります。しかし，このサイクルを実行するにあたり，何をどのようにしたらよいのかが難しいと考える保育者もいるのではないでしょうか。

保育指導計画を立てる際には，PDCA サイクルが入っていることが，次への保育が子どもの活動の連続性と共に，保育者の学びとなり質の高い保育につながります。

ただ一つ気をつけたいことは，計画通りに保育展開がされなければならないと考えることです。保育者が前月の子どもの姿から今月の保育計画指導案を立てたとしても，その月の子どもの健康状態や天候の状態，子どもの興味関心の変化などを踏まえて柔軟に考えていかなければなりません。

そうした，子ども中心の保育指導計画を立てることが，真に健全なPDCA サイクルが営まれているということになります。

5．年間指導計画と月間指導計画

月間指導計画（以下，月案）は，年間指導計画に基づいて立案されていきます。その基礎となるのは，保育課程や保育・教育課程です。保育課程や保育・教育課程は保育所保育指針（以下，指針）や教育・保育要領（以下，要領）などに基づいて作成されるものですが，指針や要領にも記載されているように，各施設の保育に関する創造も求められています。

5．年間指導計画と月間指導計画

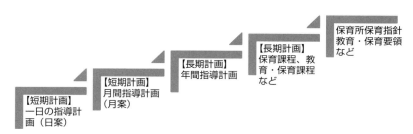

図2　立案の流れ

　指導計画作成には，指針，要領ともに，子どもの発達を基盤とすること，乳幼児期にふさわしい生活や遊びが展開され子ども時代に必要な体験ができることが記載され，その上に立って保育課程や教育・保育課程に基づいて具体的なねらいや内容を明らかにすることが大切とされています。さらに，子どもが主体的に活動できるよう，適切な環境を構成することが述べられています。

　指導計画には長期計画（保育課程，教育・保育課程，年間指導計画）と短期計画（月間指導計画，一日の指導計画）があります（図2）。また，図2には記載していませんが，年間指導計画と月間指導計画の間に期の計画を，月間指導計画と一日の指導計画の間に週の指導計画を立てる施設もあります。それぞれの実態に応じて年間指導計画は，各施設の保育課程に基づいた計画です。保育課程は指針や要領に基づいていることは先に述べた通りです。そして，月案は日案につなぐものでなくてはなりません。

付録1．実践につなぐ年間指導計画と月間指導計画

表1　保育課程・年間指導計画（大橋，2016）

		0歳児から2歳児の保育課程・年間保育計画の基本			
保育の目標		大人と愛着関係を築き快く過ごす	自ら微笑みかけ自らヒトやモノに働きかけて意欲的に過ごす		ハイハイなどの移動姿勢を獲
月齢		概ね2か月から3か月	概ね4か月から5か月	概ね6か月から7か月	概ね8か月から9か月
発達の姿	目の操作（視力）	目の前に見えるものを中心でとらえる（誕生まもない新生児の視力は0.01から0.02）	正面でとらえた物を左右共に90度追視する	視力は0.1位になる	
	手指の操作	生後間もない時期の手指の動きは反射的，やがて親指が外に向き指が全部開く		感覚系と運動系が連関し自分の意志で手指の操作をする	手を出して玩具を掴もうとしたり持ち替えたり，5本の指で上から掴もうとする	小さなものを本の指でつまむ
	身体の動き	両手両足は左右非対称	非対称だった手足が手と手，足と足を正面でとらえる	対象的な姿勢へ寝返りから腹這いへ	体幹を越えて反対側へ手が伸びるようになる　両手両足を床に着けたまま で，肘で前に進むズリバイ	両手両膝を床に着け四つ這いから膝や肘は床から離し両手足を床に着ける高這いへ
					両手両足を床に着けてからだを支えたお座りから両手を床から離した投足座位へ	
	音声と言葉	「アー」「クー」などの甘えのある音声の鼻母音	「バア」子音を含む喃語	母音，子音が結びついて強弱，高低などの音		
			鼻母音を伴った喉から声を出す喉子音		「ダーダーダダダ」「バーバーバ」など濁音のある喃語と「ヴウヴウ」などの反復喃語	
		首は不安定 → 首が座ってくる				
	人との関係	言葉をかけられると答えるような表情や微笑みを見せることがある	自分から身近な人に微笑みかける	あやされると声をあげて笑う	「おいで」と身近な人に手を差し伸べてもらうと，そのことに応じる	目的をはっきり他者に伝える
						身近な人が対象物を指さすと，自分も指さしをする
					人見知り場所見知りをする	
個と集団		家庭や保育の場で1対1の関係から愛着関係を築く（情緒の安定・生命の保持） → 保育者を介在として小集				
保育内容の基本	生活	大人に依存して哺乳される	離乳食の始まり	哺乳瓶を両手で持とうとしたり1人で持つなどする	乳児が1本のスプーンを使用他の1本で援助する	
					おやつや給食は手掴みで	
	想像の世界と創造の世界へのいざない	耳から音声や音楽を楽しむ	ガラガラを両手持ち見て遊ぶ		あそびはダスの1方向	
		正面に見えるおもちゃをとらえて遊ぶ	両手をお腹の上で合わせて遊ぶ	手で足を持ちゆらゆらすりながら自分の身体で遊ぶ	一方的に出して遊ぶ	
			メリーゴーランドなどの動きや音を喜びいっと見つめたり，からだを動かしたりして快さを表現する	関心のあるおもちゃに手を差し伸べて触れようとしたりハイハイで目的に近づいて達成感をもつ		
				わらべ歌遊びなどの音声にさそわれて音・言葉・身体表現		
				信頼する大人との散歩，自然の中で感動し，保育者や仲間		

5．年間指導計画と月間指導計画

得してひとつの世界を楽しむ	ヒトやモノを通してひとつの世界からふたつの世界へと移行し環境への関心を深める		生活や遊びの中でふたつの世界を駆使し数と言葉の認識を深め依存から自立へと向かう自我の形成	
概ね10か月から11か月	12か月から1歳3か月	1歳4か月から2歳	2歳児	
親指と他の4む	ピンチ把握（親指と人差し指で小さな豆粒のようなものをつまむ）			
		動きに敏捷性が出てくる	ケンケンをするようになる	
ハイハイからつかまり立ち，そして支え立ちへ	階段登りは支え歩きで一段上っては両足を揃えてを繰り返す	階段の手すりをもって一人で上るようになる		
	片手支え歩きからひとり歩行へ	一段おきに交互に足を出して上る		
	初めての言葉（初語）			
「アババパ」	「ハイ」返事をしたり「マンマ」など1語文を話す。発音はまだ未熟である。	「チョウダイ」「ドウゾ」などのやり取りをする	二語文から三語文へ	日常会話の獲得
りさせながら指差し	一語文から二語文へ			
	一方的に要求をする指差し	応える指差し	並行あそび	協同あそびが始まる
団で互いの表情が見える場で過ごす →	同年齢の集団になれる →	異年齢児とふれあう		
し，保育者は	**ひとつからふたつの世界（数）**			
口へ運ぶ	ボーロなどのおやつも一人で口へ運んで食べる	箸が2本で使用できることを知り使用方法を学ぶ	靴など左右対の物を揃える	
		ズボンやパンツを履く時両足同時に片方へ入れる	保育者とのやり取りにおいて，「ヒトッチョウダイ」「フタツトッテネ」など言葉と数の認識を深める	
から，ダス，イレルの2方向へ			**言葉と数とモノを結ぶ**	
パズルボックスに数種類の形を合わせながら，出す，入れるの2方向のあそび				
	創っては崩す，崩しては創るを繰り返してイメージの世界を広げる			
		砂場あそび，粘土あそび，紐あそび，木製積み木，草木花の色水あそび，描く（ボディペイント・砂絵・紙版画など），シャボン玉あそび		
を楽しむ				
が側にいることを喜び，1歳を過ぎた頃にはのびのびと自分らしさを発揮してあそび，数や言葉と結び伝える				

付録1．実践につなぐ年間指導計画と月間指導計画

表2　0歳児クラス月・週案（大橋，2016）

2018年5月　　0歳児クラス月・週案			クラス構成	男児7か月児2名　9か月児2名.
週・月ののポイント				
		ねらい		活動
1（月）	心の安定と養護	食事		
2（火）		【4-6か月児】ミルク以外の味になれる		自分で飲んだり食べたりすることを感じる
3（水）		【7-9か月児】食べさせてもらったり手づかみで食べたりしながら意欲を促し咀嚼ができるようになる		初期食から中期食のツブツブの感触になれて口をもぐもぐと動かす
4（木）		排泄		
5（金）		【4-6か月児】心地よさを感じ取り感性を育てる		おむつ交換をしてもらい心地よく過ごす
6（土）		【7-9か月児】心地よさを喜ぶ感性を育てる		オマルになれて排泄後の心地よさを喜ぶ
8（月）		睡眠		
9（火）		【4-6か月児】24時間を視野に入れて1日のリズムを習慣づける		身につけて食べて遊んで眠るリズムを徐々に身につける
10（水）		【7-9か月児】午睡のリズムが身につくことによってよい目覚めの習慣を育てる		起床，お昼寝2回，就寝と生活のリズムを身に着ける
11（木）				
12（金）	あそびと学び	あそびと健康		
13（土）		【4-6か月児】視野や視界を広げて意欲的に周囲のものに関心を寄せる		腹這いが苦手な子どもは，ロールタオルを使用して楽な姿勢で視野を広げて遊ぶ。一つの目的をおもちゃなどで示し，四肢を活発に動かして寝返りやハイハイを楽しむ
15（月）		【7-9か月児】目的に向かって意識的に動くことで周囲への関心を深める		
16（火）				
17（水）		手指の活動とあそび		
18（木）		【4-6か月児】手の操作から指の操作を駆使して触れる音で物への認知を高めていく		自分からおもちゃを触ろうと手を伸ばすなど興味関心を手の感触と合わせて楽しむ
19（金）		【7-9か月児】感触を確かめて認知する気持ちを高める		5本の指を開いておもちゃをつかみ舐めて感触を確かめ，また遊ぶを繰り返す
20（土）				
22（月）		言葉とあそび		
23（火）		【4-6か月児】周囲との応答の中で喃語や音声の高低などで相手に要求を伝え，感情を豊かに表現する		ハンカチ遊びやイナイナイバアなど子どもにとって次への期待が持てる遊びを繰り返しする。絵本は次のページへの期待が生まれる繰り返しリズムのある遊びをする
24（水）		【7-9か月児】豊かな感情を表出して言葉と動作を結んでいく		
25（木）				
26（金）		友達や保育者とのふれあい		
27（土）		【4-6か月児】友達をじいっと眺めるなど興味を持つ		音が出るおもちゃなどを通して，保育者が語りかけて一緒に遊びながら友達の存在を意識する
29（月）		【7-9か月児】遊びを通して三項関係を築く		
30（火）				
今月の散歩先		みどり公園，小学校のウサギに出合う，ぶらんこ公園，大橋神社，お寺の境内など		

5．年間指導計画と月間指導計画

女児6か月児2名　8か月児2名	保育者　京都喜美子　神戸喜美子　兵庫喜美子		
	個別配慮（今月のポイント）		
環境と配慮	氏名	月齢	子どもの姿と配慮
アトピーやアレルギーのある子どもは特別職を必要とするので、注意して与える	A・B（女）	6か月5日	寝返りができるようになったが、元に戻ることができず口を床に着けて大泣きすることがある。その時はおもちゃの音で気分転換をさせながら援助をする
おむつ交換の時には交換前と交換している時、交換後に言葉をかけてその感じ方の違いについて言葉で示す。そのことにより、子どもは排泄する時の心地よさを意識するようになる	C・D（女）	6か月25日	咀嚼が上手になり、離乳食を安定して進めることができるようになってきた。また、保育者との関係で楽しいことがあると声を上げてよく笑う。順調に成長してきている
	E・F（男）	7か月10日	風邪がなかなか回復しないため、外遊びを控えている。朝は9時半頃に保育園に来るため他児とのリズムが合わないためかよくぐずる。保護者との話し合いが必要である
保護者からの連絡帳を確認して家庭における睡眠時間を知り、子どもの24時間の睡眠のリズムを把握して、保育の場での睡眠のリズムを徐々に作る	G・H（男）	7か月15日	ズリバイだが這う速度が速くなってきた。両手両足の左右差もなくバランスよく移動している。ただ何でも口に入れようとするので、注意が必要である
	I・J（女）	8か月3日	人見知りが強く慣れている保育者の他は、姿を見ただけでも泣く。そのため保護者の疲労も大きく、家庭での姿を聞き取って親の育児負担を聞くことで和らげていきたい
運動面では個人差が大きいので、一人一人の子どもにあった遊び方を工夫する。5月は快い天気が続くので、室内だけの遊びではなく散歩などもその日の子どもの体調と天候などに配慮して実施する	K・L（女）	8か月27日	スプーンを持つのが大好きで、徐々に上手に操作ができるようになってきた。しかし、溢すこともあるので、本人の気持ちを認めながら援助をしていきたい
	M・N（男）	9か月7日	おむつ交換の時は、すぐに腹這いの姿勢から高這いになってどこかへ行こうとするため、保育者は迅速な対応が必要である。しかし、マテマテ遊びにつなげると嬉しそうに応じる
舐めても洗えるおもちゃで、優しい感触が楽しめる木製のおもちゃなどを用意する。また、単純木製積み木でこの時期の子どもの手のひらに入るような形のものを用意する	O・P（男）	9か月28日	つかまり立ちができるようになり、嬉しそうに外を眺めていることが増えた。しかし、散歩先では、危険なことにも構わず挑戦しようとするので、目が離せない
ハンカチ遊びは色彩が優しい布や大小など様々なものを用意する。また、絵本は手触りのよい布絵本や木製絵本、触った感触が異なる内容が詰まった絵本、あるいはしかけ絵本などを用意する	家庭との連携		○離乳食の進め方について連絡を密にする ○家庭訪問の日程について家庭の都合と調整を行う ○S市が実施している健診を受診したか、または受診後の結果について連絡を受けて協同での子育ての確認をしておく。 ○子どもの姿から発達した様子を丁寧に知らせて子育ての喜びを共有する
木製のカタカタおしゃぶりやオカリナ、マラカス（ポケットサイズのもの）、キンダーハープ、アウリスシホロン（アカシアの音板で作られたシホロン）などの音色と共に語りかける	反省と評価		
	行事		○こどもの日，○母の日，○身体測定など

113

付録1．実践につなぐ年間指導計画と月間指導計画

表3　0歳児後半～1歳児前半月・週案（大橋，2016）

2018年7月		0歳児前半～1歳児前半の月・週案	クラス構成	男児10か月児 2名，12か月児2名．
		週・月ののポイント		
		ねらい	活動	
生命の保持と心の安定（養護）	食事	【10-11児】食べる意欲を育てる 【12-1歳6か月児】食物の感触と，言葉を認識する気持ちを育てる	咀嚼をすることを覚える こぼしながらも1人で意欲的に食べる スプーンを持つことに喜びを感じる	
	排泄	【10-11か月児】排泄したことを感じることができる 【12-1歳3か月児】排泄を自覚して他者に動作で伝えようとする	おむつ交換をしてもらい心地よく過ごす中で徐々に心地良さを感じる おまるになれて1日に2回程度オマルにかけて排泄後の心地よさを喜ぶ 食事やおやつ，散歩などの前後にはおむつ交換をしてもらったり，オマルにかけて排泄をしたりする	
	睡眠	【10-11か月児】午前午後の午睡が1日2回のリズムを作る 【12-1歳3か月児】1日1回の午睡のリズムで心地良く過ごす	保育者が布団を敷くと自分から入りに行くことが増える ほぼ毎日一定の時間を眠り個々の眠りのサイクルができる	
あそびと学び（保育内容5領域と教育）	あそびと健康	【10-11か月児】ハイハイなどの移動姿勢を自由に楽しむ 【12-1歳3か月児】意欲的に立ったり座ったりを楽しむ	段差や傾斜面などを登ったり，ブランコに座ってバランスを取るなど，腹筋や背筋を使った遊びを意欲的に行動する 水遊びやプールなどで夏のあそびを楽しむ	
	手指の活動とあそび	【10-11か月児】探索活動をして周囲のいろいろなものへの興味や関心を高める 【12-1歳3か月児】探索活動と共に身近な生活を真似たごっこ遊びなどを喜んでする	虫や揺れる草花などを目で追う時期から，自ら追いかけて保育者に動作や一語文で知らせる	
	言葉とあそび	【10-11か月児】言葉と動作を結び付けてて，子どもからの発語からその気持ちを理解して応答し感情を豊かに育てる 【12-1歳3か月児】 一語文とモノを繋げて言葉と認知のの関係を深める	手遊びなどの模倣遊びなどを通して，言葉と動作の関係を理解して楽しむ 絵本では身近な動物が出てくる素材や「いないないばあ」「くつくつあるけ」「しろくまちゃんのホットケーキ」など生活や遊びに密着した本を喜ぶ	
	友達や保育者とのふれあい	【10-11か月児】要求を動作で表現する 【12-1歳3か月児】1語文での「チョウダイ」「ドウゾ」などの応答を楽しむ	要求を動作や言葉で表現して，友達の存在に気づき楽しい雰囲気を感じ安定した気持ちで過ごす	
	今月の散歩先	みどり公園，小学校のウサギに出合う，ぶらんこ公園，大橋神社，お寺の境内など		

5．年間指導計画と月間指導計画

女児11か月児2名　1歳3か月児2名		保育者　京都喜美子　神戸喜美子　兵庫喜美子	
環境と配慮	個別配慮（今月のポイント）		
	氏名	月齢	子どもの姿と配慮
食べさせてもらったり手づかみで食べたりしながらスプーンなどの道具の操作に対する意欲を促す言葉かけをする 暑い時期なので水分補給を充分に取る	A・B（男）	10か月	高這いからつかまり立ちへと移行しているが不安定さが残っている為、保育者は十分注意をしながら、本児を励まして意欲が持てる働きかけをする
おむつ交換やオマルでの排泄時前後には、排泄する時の心地よさを意識できる言葉をかける	C・D（男）	10か月25日	食事の食べ始めに遊びだすことが多いので、献立や睡眠と食事の関係などの観察を行い本児にあった食事の与え方などの配慮をする
	E・F（女）	11か月10日	母親が長期出張、父親は残業続きで多忙のため、祖父母の送迎が多い。毎日の子どもの様子を丁寧に連絡帳に記述して連携を図る
保護者からの連絡帳を確認して家庭における睡眠時間を知り、子どもの24時間の睡眠のリズムを把握して、その日の健康状態を把握する	G・H（女）	11か月15日	「チョウダイ」「ドウゾ」などのやり取りに関心を向けないことが頻繁にあるので、専門機関と連携を取っていくこととした。保護者と連携機関と3社の協力を大切にしたい
	I・J（男）	12か月3日	お座りの姿勢では、背中が湾曲状態になるので、引き続き専門機関と連携を取りながら、保育所では、階段や傾斜地でのハイハイを促し楽しみながら背筋腹筋を鍛えるようにする
自然から健康を守る ・戸外に出る時は子どもが取り出しやすい場所に帽子の籠を置いて必ず帽子をかぶるように言葉をかける ・戸外での遊び場所は木陰などの涼しいところを見つける。また、出かける時間帯も朝夕の涼しい時を配慮に入れる ・戸外へ出る際は、水分補給品、乾いたタオル、濡れタオル、ビニール袋、ティシュペーパーなどをリュックに入れておく 清潔に過ごす ・立位ができる子どもには水道のある場所で、手洗いができるように援助する。他の子どもは保育者が手を個人のタオルで拭いたり汗を拭いたりする	K・L（男）	12か月28日	1人歩行が少し出来るようになり日々の笑顔が一段と増してきている。順調に成長できるよう励ましながら意欲を育てていきたい
	M・N（女）	1歳2か月	部屋の隅っこが好きなため、コンセントなどのそばに行くことがあるので、危険なことを分かりやすい言葉で根気よく話す。同時に保育者は子どもの動きにいつも気を配る
	O・P（女）	1歳3か月	1人歩行が完了して、自分から小さいお友達に近づくなど、気にかける様子がある。「チョウダイ」「ドウゾ」などの機会を多く作り、遊びを通して人との関係が深まるように配慮をする
	家庭との連携		○S市が実施している健診を受診したか、または受診結果について連絡を受けて協同での子育ての確認する ○子どもの姿から発達した様子を丁寧に知らせて子育ての喜びを共有する ○夏を健康に過ごすための通信や着替えなどの連絡をこまめにする
保育者は子どもの目を見て優しく名前を呼んだり、歌のリズムで名前を呼んだりしながら子どもが自分を意識し、友達の存在も喜ぶように働きかける	反省と評価		
	行事		○こどもの日、○母の日、○身体測定など

付録1．実践につなぐ年間指導計画と月間指導計画

表4　1歳児後半～2歳児月・週案（大橋，2016）

2018年10月		1歳児後半・2歳児月・週案	クラス構成	男児　1歳10か月児2名 女児　2歳5か月児2名
			週・月のポイント	
		ねらい	活動	
生命の保持と心の安定（養護）	食事	箸やスプーンフォークなど正しい操作を覚えて使用する	咀嚼をすることを覚える 1人で意欲的に食べる 箸を持つことに喜びを感じる	
	着脱	着脱する達成感を育てる	2つある服の袖やズボンの穴に自分の手足を通してみる	
	排泄	トイレで排泄する心地よさを知る	一日数回トイレでの排泄をしながら，排泄したい時には大人に伝える	
	睡眠	心地よく睡眠をとって遊びの充実感や達成感にむかえるようにする	一日1回の午睡の習慣を身につける	
あそびと学び（保育内容5領域と教育）	あそびと健康	・清潔にすることの心地よさを味わい，自分から進んでしようとする ・からだを動かすことが大好きになる	・一人で歯磨きをする習慣を身につける ・手洗い，うがいを十分にする ・運動会を通して友達とからだを動かすことを共有して過ごす	
	手指の活動とあそび	道具の使用の方法を身につけることであそびの楽しさを深める	砂場などで，スコップを上手に使用したり，砂の変化を楽しんだりする中で，集中してあそぶことを楽しむ	
	言葉とあそび	周囲の環境の変化に気付き言葉で表現する	散歩先で見つけた虫を触ったり，秋の自然の変化に気付いたりしながら言葉で自分の思いを伝えたり，表情で示したりする	
	友達や保育者とのふれあい	自分の想いを主張しながらも友達の想いも知る	玩具の取り合いや，友達とのトラブルなど，依存と自立の間で揺れ動き，葛藤を繰り返す	
今月の散歩先		神社やお寺の境内などで虫に出会う，秋の自然が感じられる公園に行く		

5．年間指導計画と月間指導計画

2歳8か月児2名 2歳11か月児2名		保育者　大橋喜美子　神戸喜美子　兵庫喜美子	
環境と配慮	氏名	月齢	子どもの姿と配慮
握り箸の使用の時は一日1度で良いから正しい持ち方を教えるが，無理強いはしない	A・B（男）	1歳10か月	遊びが大好きだが，危険なことが理解できないために保育者は十分注意をして見守る
子どもが着脱しやすい場所に揃えておく	C・D（男）	1歳10か月	箸の使用が楽しいようだが，こぼす量も多いため，保育者はスプーンを使用して援助する
個人差を配慮しながらトイレやおまるでの排泄を進める	E・F（女）	2歳5か月	友達や大人との間で言葉のやりとりが嬉しいが，発音に不明瞭さが残っているため聞き取りにくいが，想いを受け止めて過ごす
保育者は保護者との連携を取って家庭での睡眠時間を知って，一人ひとりの子どもの適切な保育園での睡眠を促す	G・H（女）	2歳5か月	描画活動が大好きで，散歩に行く時にも室内で過ごすことを望むことも多いが，土の上でも絵が描けることを伝えて，集団での遊びと本児の楽しみを合わせるように働きかける
	I・J（男）	2歳8か月	夜の入眠時間が遅く自宅での睡眠時間が短いため機嫌が悪い日が多いので，保育者とできるだけ連携をとる
・戸外に出る時は子どもが取り出しやすい場所に帽子の籠を置いて必ず帽子をかぶるように言葉をかける ・朝夕は涼しくなるので，衣服の着脱をまめにする ・子どもに無理のない楽しい運動会の内容を企画する（リズム遊びなど） ・戸外へ出る際は，水分補給品，乾いたタオル，濡れタオル，ビニール袋，ティシュペーパーなどをリュックに入れておく 清潔に過ごす ・保育者は子どもの気づきを敏感に捉えて，その想いに寄り添いながら，他の子どもへも伝えて，集団として感性が高まるような言葉をかけるようにする ・秋の自然を十分感じる場所を散歩先に選ぶ	K・L（男）	2歳8か月	高い場所が好きで公園の遊具なども積極的にチャレンジするが，一人の保育者が必ず見守るようにする
	M・N（女）	2歳11か月	運動が苦手で転ぶことが多いため，調整力を育つように心がけるよう，配慮する
	O・P（女）	2歳11か月	咀嚼が苦手なため，給食時に他の子どもとリズムが合わないことが多いが，出来るだけゆったりと食べる場所の確保をする
	家庭との連携		○S市が実施している健診結果について連絡を受けて協同での子育てを大切にする ○子どもの姿から発達した様子を丁寧に知らせて子育ての喜びを共有する ○秋を健康に過ごすための通信や着替えなどの連絡をこまめにする
保育者はできるだけ一人ひとりの子どもの気持ちを受け止めて友達の気持ちの仲立ちをしながら子どもの社会性や人間関係が育つように心がける	反省と評価		
	行事		○運動会　○お誕生会　○身体測定など

付録2．デンマークの保育にみるデイリープログラムと週案

　デンマークの保育園の朝は早く，夕方の保育も早い時間に終了します。国の方針や個々の保護者の勤務形態によっても異なるかと思いますが，子どもの成長を促すホルモンを配慮した時にはモデル的な事例と言っても過言ではないでしょう。
　ここでは，デンマークの保育園のデイリープログラムと週案を紹介します。

〈O保育園のデイリープログラム〉
06：30開園　07：25までの間に年長児と一緒に朝食
07：30　　年少組と年長組にわかれる
　　　　　平衡感覚などの運動スキルを養うためブランコやセラピーボールなど朝の運動をして遊ぶ
08：30　　おやつ（朝のフルーツ）
　　　　　お話を聞かせたり歌を歌ったりする。屋外の遊び場に出て，ジムホール，トランポリンホール，歌や音楽，散歩などを楽しむ
11：00　　食事
　　　　　昼寝
14：00　　起きた子どもから順に午後のおやつ
　　　　　あそび
15：30　　年長児と合同で遊ぶ
16：30-17：30　帰園

〈O保育園における一週間の標準的な活動〉

時間	月	火	水	木	金
6：30～7：25	年長組と一緒に朝食				
7：30～8：30	既に登園している園児は大きなセラピーボールに乗って身体を揺らしたりボールをなげたりして遊べる				
8：30～9：00	子供達はそれぞれのグループの部屋に分かれ皆でフルーツとパンを食べる				
9：30～11：00	年長組と一緒に朝の体操，その後外の遊び場へ	小（0～2歳），中（2～2,5歳），大（2,5～3歳）の年齢別に分けたグループに別れて活動	年齢別に分かれて外歩きの日 ― 年長グループはお弁当を持参	トランポリンホールまたはジムホールで年令別または皆で一緒に活動	リビングで楽器を演奏したり歌を歌ったり皆でゲーム遊び その後は外遊び
11：00～12：00	皆でライ麦パンのオープンサンドと野菜の食事	皆でライ麦パンのオープンサンドと野菜の食事	年齢別グループの中の組と年少の組は温かい食事，大のグループはお弁当	皆で温かい（ホイスコーレから配達された）食事	皆で温かい（ホイスコーレから配達された）食事
約12：00～14：00	昼寝				
約14：00～15：00	起きた子供達から順に午後の食事 パンとフルーツ				
15：00～17：00（金は15：00～16：30）	外の遊び場に行くか，または室内で活動				

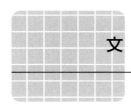

文　献

● 引用文献

Ainsworth, M.D.S.　1967　*Infancy in Uganda. Infant care and the growth of love*. Baltimore: The Johns Hopkins Press.

秋田喜代美・佐川早季子　2011　保育の質に関する縦断研究の展望　東京大学大学院教育学研究科紀要51巻　p219.

Bower, T.G.R. 1977 *A primer of infant development*. W.H.Freeman　岡本夏木・野村庄吾・岩田純一・伊藤典子（訳）　1980　乳幼児―可能性を生きる　ミネルヴァ書房.

Bowlby, J. 1988 *A secure base: Parent-child attachment and healthy human development*. New York: Basic Books.

Field, T.M., Woodson, R., Greenberg, R.,& Cohen, D. 1982 Discrimination and imitation of facial expression by neonates. *Science*, 218, 179-81.

濱口佳和　2012　楽しく学べる乳幼児の心理　櫻井茂雄・岩立京子（編著）　楽しく学べる乳幼児の心理　p135.

今福理博・明和政子・大橋喜美子　2016　大人の発話スタイルが乳児の顔注視行動に与える影響：歌いかけ（Infant-Directed Singing）に着目して　音声研究

国立大学法人福井大学・国立研究開発法人理化学研究所・大学共同利用機関法人 自然科学研究機構 生理学研究所　2014　愛着障害児の報酬感受性の低下を解明
　http://www.u-fukui.ac.jp/wp-content/uploads/20150930-2.pdf

近藤卓　2015　乳幼児期から育む自尊感情　エイデル研究所

小西行郎・吹田恭子　2003　赤ちゃんパワー―脳があかす育ちのしくみ　ひとなる書房

倉橋惣三　1936　育ての心　刀江書院

Meltzoff, A.N., & Moore, M.K. 1977.Imitation of facial and manual gestures by human neonates. *Science*, 198, 75-78.

文部科学省「要保護及び準要保護児童生徒数について」（文部科学省「平成27年度版子ども・若者白書」より）
　http://www8.cao.go.jp/youth/whitepaper/h27honpen/pdf/b1_03_03.pdf

無藤隆　2013　幼児教育のデザイン―保育の生態学　東京大学出版会

内閣府　2016　認定こども園の数について（平成28年4月1日現在）

大橋喜美子　2013　幼稚園・保育所の一体化と保育の質に関する研究（3）―相互のイ

文 献

　　メージに関する自由記述と保育の基盤となる事項との分析—　日本保育学会第66回大会ポスター発表（平成23年度科学研究費助成事業（学術研究助成基金助成金）により実施（課題No23531094）データ収集，処理分析は共同研究（神戸女子大学・三宅茂夫）

大橋喜美子　2016　幼保一体化と自己尊重感を育てる保育カリキュラム―デンマークの保育実践からの考察―　日本子ども社会学会第23回大会

大橋喜美子・今福理博・明和政子　2014　乳児は絵本読み聞かせ場面で何を学んでいるのか　赤ちゃん学会第14回学術集会（ポスター発表）

大橋喜美子・片岡滋夫・山内五百子　2015　家庭と保育園の教育観に関する研究　日本保育学会第68回大会（ポスター発表）

Rheingold,H.L. 1982 Little children's participation in the work of adults, a nascent prosocial behavior. *Child Development*, 53, 114-125.

佐々木正美　2003　子どもの心が見える本―再びエリクソンに学ぶ　子育て協会

仙田満　1992　子どもとあそび　岩波新書

田中昌人　1997　乳児の発達診断入門　大月書店

竹内里絵・中村尋子・宮原英種・宮原和子　1997　砂場遊びにおける環境の応答的分析　日本保育学会大会研究論文集（50）926-927.

徳永満理　2009　赤ちゃんにどんな絵本を読もうかな―乳児保育の中の絵本の役割（保育が好きになる実践シリーズ）　かもがわ出版

友田明美　2013　発達障害と虐待の脳科学　生理心理，31巻2号，55.

津守眞　1997　保育者の地平　ミネルヴァ書房

全米乳幼児教育協会S．ブレデキャンプ，C．コップル（編）　白川蓉子，小田豊（日本語版監修）　ＤＰＡ研究会（訳）　白川蓉子・小田豊・芦田宏・北野幸子・森眞理・門田理世　2000　乳幼児の発達にふさわしい教育実践：21世紀の乳幼児教育プログラムへの挑戦　東洋館出版

● 参考文献

青江知子・ムツコ・オオノ・ビャーソウー　2010　個を大切にするデンマークの保育―パピロン総合保育園から学ぶ　山陽新聞出版センター

呉　東進　2009　赤ちゃんは何を聞いているの？―音楽と聴覚からみた乳幼児の発達　北大路書房

ヘネシー・澄子　2004　子を愛せない母　母を拒否する子　学習研究社

神谷栄司　1999　幼児のイメージ力を育てる―お話とごっこ遊び　三学出版

小西行郎　2016　胎児の世界と謎　大橋喜美子（編著）　乳児保育（新時代の保育双書）　みらい

小西行郎・遠藤利彦　2012　赤ちゃん学を学ぶ人のために　世界思想社

明和政子　2008　心の発達と教育の進化的基盤　科学，Vol78 No 6

明和政子　2012　まねが育むヒトの心（岩波ジュニア新書）

中村和夫　2004　ヴィゴーツキー心理学完全読本―「最近接発達の領域」と「内言」の概念を読み解く
Reiber, R.W., and Carton, A.S（Eds.）1987 *The Collected Works of L.S.Vygotsky: Volume 1 Problems of General Psychology.* 289-358. Prenum Press.　菅田洋一郎・広瀬信雄（訳）　2002　子どもの心はつくられる―ヴィゴツキーの心理学講義　新読書社
仙田満　1998　対訳　子どものためのあそび空間　市ヶ谷出版社
清水益治・森敏昭　2013　0歳～12歳児の発達と学び　北大路書房
菅井洋子　2012　乳幼児期の絵本場面における共同活動に関する発達研究　風間書房

あとがき

　幼保一体化を進める施策の中で，保育の現場からは乳児期の発達を基盤とした保育指導計画，保育の方法とはどういうものか，といった戸惑いの声を多く耳にしてきましたが，一方で，筆者が助成『平成23年度科学研究費助成事業（学術研究助成基金助成金）基盤研究（C）』を受けて代表として実施してきた「幼保一体化に向けた保育カリキュラム・モデルの構築」をテーマとした6年間の継続研究においても，同様の課題があることがわかりました。研究を進める中で，「保育の計画の理解と環境に関する研究」が課題となり，幼保一体化の総合保育園を公的に実施しているデンマークの保育にも着目し，その実践を紹介しました。

　本書は，0歳児，1歳児，2歳児に焦点を当て，数年にわたり検討を続けてきた研究の一部を，保育分野で働くすべての方や保育を学ぶ学生に向けてわかりやすく編集したものです。

　幼稚園，保育所（園）の既存の枠を超え，日本のすべての乳幼児に質の高い教育を提供するために，参考にしていただけましたら幸いに存じます。

　末筆になりましたが，関係の皆様には，多大なご協力とご支援をいただき本書が刊行に至りましたことを感謝申し上げます。

　写真掲載や資料にご協力いただきました保育園関係者の方々と園児の皆様，そのご家族，研究にご協力くださいました0歳から2歳のお子様とそのご家族，翻訳および資料協力をいただきました（デンマーク・オレロップ体育アカデミー（Gymnastikhøjskolen i Ollerup）中村秀峰先生，デンマーク日本人会理事，デンマーク工科大学試験正規監視員大野睦子ビャーソゥー先生にも深くお礼申し上

げます。また，出版に際しては，(株)北大路書房の若森乾也氏・北川芳美氏にお世話になりました。心より感謝申し上げます。

2017年3月　　大橋喜美子

【資料・写真協力園】
社会福祉法人　つくし会　幼保連携型認定こども園　こどもえん　つくし
社会福祉法人　はちす会　蜂ヶ岡保育園　蜂ヶ岡けやき保育園
社会福祉法人　心華会　ひいらぎ保育園
社会福祉法人　宇治福祉園　みんなのき黄檗こども園
社会福祉法人　穴太福祉会　風の子保育園

〈デンマーク〉
オレロップ子ども園（Børnegården i Ollerup）
パピロン総合保育園（Børnehuset Papillon）
キレヴェンゲット総合保育園（Børnehuset Kildevænget）

【著者紹介】
大橋喜美子（おおはし・きみこ）
1947年　東京都に生まれる
2008年　奈良女子大学大学院人間文化研究科博士課程後期単位取得満了
現　在　神戸女子大学文学部教育学科教授（社会学修士）

〈主著〉　障害児の発達と保育（共著）クリエイツかもがわ　2001年
　　　　事例でわかる保育と心理（編著）朱鷺書房　2002年
　　　　はじめての保育・教育実習（編著）朱鷺書房　2003年
　　　　保育内容　ことば（共著）みらい　2008年
　　　　新時代の保育双書　乳児保育（編著）みらい　2009年
　　　　子どもの育ちと人間関係（共著）保育出版社　2009年
　　　　子ども環境から考える保育内容（共編著）北大路書房　2009年
　　　　保育内容・保育方法総論の理論と活用（共著）保育出版社　2010年
　　　　保育のこれからを考える保育・教育課程論（編著）保育出版社　2012年
　　　　理論と子どもの心を結ぶ保育の心理学（編著）保育出版社　2012年
　　　　現場の視点で学ぶ保育原理（共編著）教育出版社㈱　2016年

0・1・2歳児の保育の中にみる教育
子どもの感性と意欲を育てる環境づくり

2017年3月21日　初版第1刷印刷　　　定価はカバーに表示
2017年3月31日　初版第1刷発行　　　してあります。

著　　　者　　大　橋　喜美子
発　行　所　　㈱北大路書房

〒603-8303　京都市北区紫野十二坊町12-8
　　　　　　　電　　話　(075) 4 3 1 - 0 3 6 1㈹
　　　　　　　FAX　　(075) 4 3 1 - 9 3 9 3
　　　　　　　振　　替　0 1 0 5 0 - 4 - 2 0 8 3

Ⓒ2017　　　　　　　　　　　　　　印刷・製本／亜細亜印刷㈱
検印省略　落丁・乱丁本はお取り替えいたします。
　　　　　ISBN978-4-7628-2963-5　　　Printed in Japan

・ JCOPY〈㈳出版者著作権管理機構 委託出版物〉
本書の無断複写は著作権法上での例外を除き禁じられています。
複写される場合は，そのつど事前に，㈳出版者著作権管理機構
（電話 03-3513-6969,FAX 03-3513-6979,e-mail: info@jcopy.or.jp)
の許諾を得てください。